きらめく拍手の音

手で話す人々とともに生きる

イギル・ボラ 著

矢澤浩子 訳

リトルモア

プロローグ
太初《はじめ》の母《あなた》へ

昼の代わりに手で話す両親に関するドキュメンタリー映画、『きらめく拍手の音』の上映後の話だ。観客の一人が手をあげた。

「ご両親はお子さんの教育をきちんとなさったなと思うのですが、ご両親だけの特別な教育哲学がおありでしょうか」

映画の主人公として舞台に立った母は、とまどいの表情を浮かべた。

「私への質問？　どうやって教育したかって？　ええと……」

観客の視線が母に集中した。私はマイクを取り、母の手語*を音声言語に訳した。

「子どもが小さい時に絵本をたくさん読むのがいいというので、私も絵本を買ってボラに読んでやりました。手語で虎がガオーって。虎がのっそりのっそり静かに近づいてきて、ガオー！　って驚かせて。絵本を手語で説明してやったんです。そしたらボラは虎をとっても恐がりながらもおもしろそうに見ていました。たくさんの本を一緒に読みましたよ。ボラは小さい頃、手語は上手でしたが、同じ年頃の子どもたちに比べて言葉はうまく話せない方だったので保育園に入れたんです。他の子たちが学校に入ればボラも学校に入学させ、そんなふうでした」

母はあわてて話を収束させた。質問をした観客はまだ気になることが解決されていないという表情だった。何かこれだという教育哲学、特別な教育法のようなものを期待しているようだった。私は母から言葉を引き取った。

太初《はじめ》に言《ことば》あり。** だが、私の言語は他の人のそれとは画然たる違いがあった。私は宇宙にある無数の星の中の地球という星に生まれた。その星にはいくつかの大陸があり、私が生まれたと

---

*【手語】韓国社会では「手話」という単語が広く使用されてきたが、最近手話を韓国の公式言語として制定しようと「手語基本法」運動が始まり、国立国語院と韓国聾唖《ろうあ》者協会では「手話」の代わりに「手語」という用語を採択、使用するようになった。本書では主に「手語」と表記するが、場合によって「手話」とも表記している（訳注：この後、二〇一六年二月に「韓国手話言語法」が制定され同年八月施行、韓国手語は韓国語と並び、公式の言語となった）

**【太初《はじめ》に言《ことば》あり】新約聖書・ヨハネによる福音書より

ころは広い大陸の端っこだった。しかし、そこは地球上で数少ない分断国家であり、船や飛行機に乗らなければ国境を見ることはできない。島ではない島国だった。

私はとてつもない人口がひしめき暮らしている都市の縁辺りで勇ましい産声をあげた。医者は私の体を見て「女児」とカルテに記入した。母は目もまだ開かない私を見て、頬に人差し指をあて外側に向かって回した。「かわいい」という手語だった。母の母をはじめとして親戚たちは、私を見てかわいくないと言い舌打ちをした。しかし、母はしきりに人差し指を頬にあて外側に回した。

私はたくさんの違いの間に生まれた。大きくなると、それはさまざまな種類の差別となった。私がそれをどうやって受け入れるべきかと首をかしげていると、母は「私が言葉を話せないのが恥ずかしいの?」と言った。母は泰然とした表情で、そんなことを恥ずかしがらない人にならなければならないと言った。私は「恥ずかしい」という感情を知る前に「母を恥ずかしいと思ってはいけない」ということをまず習った。しかし、人々は母を、母の静寂な世界を恥ずかしいものだと思っていた。

私は世の中の人たちに、母の世界と彼らの世界にはどんな違いがあるのかを説明した。私自身とその人はどう違って、この世界とあの世界はどう違うのかについて何度も語った。しかし、既存の言語で私の世界を説明するには限界があった。音声言語で視覚言語を説明すること、眉の微妙な動きがすなわち言語である世界を、話し言葉で表現することはたやすくはなかった。私は私の「言語」を探さなければならなかった。

私は母の大胆さを受け継いで人生と向き合った。数え切れない違いの間で、数え切れないストーリーがあった。それを一枚二枚と剝がしていき口を開いた。指を、眉と額の間の筋肉を動かした。私は自然に、なるべくしてストーリー・テラーとなった。

言語を探す過程は苦難の道のりだった。相手と自分の間にはさまざまな種類の違いと差別があった。自分だけの言語で自分を説明する方法を見つけなければならなかった。ゆえにここではないあそこ、あそこではないその場所を探して旅に出た。その途中で出会った人たちの生き方は自分とは違う性質のものだったが、時折似た感受性を持つ生き方に出合ったりもした。

十七歳で通っていた学校をやめ東南アジアを旅した時にも、十八歳で自らを道で学ぶ「ロード・スクーラー」と呼んだ時にも、ロード・スクーラーの友人たちとコグルリ*を作ってともに文章を書いた時にも、私より先に連帯して戦ってきた先輩たちに会った時にも、ドキュメンタリー映画を作り自身の生き方をクリアに見つめる人たちと向き合った時にも。私はそれらの場

*【コグルリ】「高静熙《コ・ジョンヒ》（詩人）青少年文学賞」で出会い、文章《グル》を書き、文化活動もする人々の里《リ》（グループ）の略称。十代～二十代の女性で構成された文化活動団体

所で人々に出会った。先になったり後になったりしながら、私とともに人生を一歩一歩歩いていく人たちだった。私は彼らのそばでもう一度、息を吹き返した。

ウズベキスタンのサマルカンドの辺りにしばらく滞在していた時だった。誰かが「他の人たちはみんな就職しているのに、あなたももういい加減遊ぶのをやめてお金を稼がないと」と言った。私がその言葉に憤慨していると、母はこのようなメッセージを送ってきた。「良い文章を書いて良い映画を作ろうと思ったら旅をたくさんしなくてはね。気にしないで」。

母の言語は誰のものより明快だった。お腹を痛め産んだ子があなたとは違う言語を持つ存在だということを、だから私がそれを求めて歩いているということを知っているあなた。そのことを認知し受け入れるまでに、あなたはどれほど多くのことを乗り越えてこなければならなかっただろうか。そんなあなたのおかげで、私は家に帰ることができた。各自の人生を別々に、またともに生きていくということを先天的、あるいは経験的に知っていたあなたのもとに。

私がどこで何をしていようと、生き方の違いを見つけ明らかにする作業をしているのだということを固く信じているあなた、その違いと静かに向き合わなければならないということを教えてくれたあなた。おそらく私は今回の人生のすべての時間を、あなたと私の世界を説明するのに使うのかもしれない。そのための言語を探すためにだ。もしかしたらそれさえもすでにわかっていて、だからこそ私に謙虚な姿勢を教え続けたあなたに、感謝の気持ちを贈る。

目次

一章

私はコーダです

1 二十一歳、コーダであることを知る

二〇一一年、二十一歳の時のことだ。学校で教養科目のひとつとして手話の授業を取っているという友人が私に言った。

「ボラはコーダ（CODA）だね。Children of Deaf Adultsの略、コーダ」

コー、ダ？　初めて聞く単語だった。正確には聴覚障害、すなわちろう者*の父母から生まれ育った人を指す言葉だと言う。

「え、ボラ、知らなかったの？」

私はそんな単語があったのかと短く答えた。友人は何か言っていたが、私は言葉を発することができなかった。頭の中でたくさんの場面がパノラマのように巡った。

「あの、うちの両親は聴覚障害者なんです。私に言ってくだされば通訳します」と習慣のように言ってきた日々の記憶だった。両親が音が聞こえないという理由で経験してこなければな

らなかった場面が巡りに巡った。

「アメリカではろうの研究も進んでいて、特にコーダ関連の研究も多いんだって。コーダの人たちは実際、ろう文化と聴文化、二つを同時に経験するんだけど、その間のアイデンティティの混乱だとか、二重言語を使用するコーダの利点だとか、そういう研究が活発なんだって。コーダのコミュニティもたくさんあるそうだし」

衝撃だった。

私は、手で話し、愛し、悲しむ人たちの世界が特別なんだと思ってきた。正確に言うと、自分の父や母が誰より美しいと思っていた。口の言葉の代わりに手の言葉を使うことが、唇の代わりに顔の表情を微妙に動かして手語を使うことが美しいと。しかし、誰もそれを「美しい」とは言わなかった。世間の人たちはむしろそれを「障害」あるいは「欠陥」と呼んだ。

「うちの両親は聴覚障害者です」

私はどこに行ってもこのフレーズをまず最初に言わなければならなかった。そうしなければ、

＊聴覚障害コミュニティでは音が聞こえない人たちをろう者と呼び、聞こえる人たちを聴者と呼ぶ。聴覚障害者という呼称は「障害」に焦点を当てているが、ろう者には、聞くことはできないけれど「手語」という言語を使い彼らなりの独特な文化を持つ少数集団、という意味がある。本書では「ろう者」という呼称を使用しており、その対義語として「聴者」という単語を使っている

母の代わりに口を開いて、あれこれ尋ねなければならない私の立場を説明することができなかったからだ。

しかし、人々はすぐに当惑の表情を浮かべた。同情と憐憫が入り混じった目つきとともに。私は両者の間でアイデンティティの混乱に見舞われた。父や母は、自分たちだけが持つ固有の言語があり、ろう者だけが持つろう文化があると、よく自慢げに手で話していた。しかし、口で話す人々はそれを理解できないため、聞こえる世界と聞こえない世界はいつも衝突するほかなかった。

「ボラ、大丈夫？」

友人は私の肩をつかんで揺すった。「コーダ」という単語は私にカルチャーショックを与えたが、同時に安堵感ももたらした。それは、もうこれ以上「私」という個人がその経験と記憶を一人っきりで背負わなくてもいいということを意味するからだ。

「コーダ」という単語があるということは、「コーダ」として生きてきた人がすでに存在するという意味であり、「コーダ」が経験することについて多くの研究がすでに行われていることを意味した。

私を指す単語が存在するということ。両親の障害を私一人で背負わなくてもいいということ。

私のような立場の友がいるということ。

（もっと早く知っていたらよかったのに）

その時私は、自分が重ねてきた経験のすべてが、ひとつのストーリー、ひとつの世界を形成しうるのだということを悟った。

2 コーダに出会う

——あなたと私の記憶のかけら《ピース》

コーダは韓国のろう社会の中でもまだなじみのない概念だった。ろう者の中にも「コーダ」という単語がどういう意味なのかと尋ねる人がいるくらいだった。私は自分を指す名前がコーダだということを知った後、ドキュメンタリーの企画に突入した。ろう者である父母のきらめく世界の話を、聴者の娘の視点で解き明かすドキュメンタリーだ。

二〇一二年の夏から企画に入り、約二年の制作期間を経た。そして、二〇一四年五月、ソウル国際女性映画祭で『きらめく拍手の音』というタイトルで初公開された。すると、その映画を見て、初めから終わりまでまるで自分の話だったと連絡してきた人がいた。

『きらめく拍手の音』を見て友だち申請しました。私が経験してきたのと同じようなことにスクリーンを通して接し、いっぱい泣いて笑いました。両親も見ながら一緒に泣いて笑いましたよ！

（ピョ・ヒソン）

私たちは、初対面なので軽くコーヒーでもと会ったのだが、長々と三時間も口を閉じることがなかった。私のものでありながら、同時に彼女のものでもある記憶が行き交った。ろう者の両親の娘として生まれ、通訳をするほかなかったことも、良い子にして育たなければならないことを早くに悟らざるを得なかったことも、親のことが恥ずかしかったことも、それでも両親のきらめく世界を尊いと思っていることも、すべて私の記憶と似ていた。こういう人にもっと早く会っていたらどうだったのだろうか、こんな人たちが世の中に大勢いるのだろうか、これはコーダが通るひとつの過程なのだろうか、という疑問が湧いた。

そんな時、韓国聾唖者協会の人と話す機会があり、私は、コーダが集まれる席があったら嬉しいと話した。ちょうど協会でもそういう会を設けようと考えていたそうで、連絡をくれると言った。そして二〇一四年十二月、韓国聾唖者協会中央会主催で「コーダ・トークコンサート」が開かれた。

イベント開始五分前に息せき切って到着したトークコンサート会場は、初めての場所で、思ったより広く、ろう者たちがたくさんいた。分厚いコートを脱いでゆっくり息を整え、ようやく落ち着きを取り戻すと同時に、見慣れない風景が目に入った。「コーダ・トークコンサート」と書かれた垂れ幕の下には数名の手話通訳士*が行き来していて、大きい画面の上にはハングル字幕が流れていた。画面の横には数台のコンピュータがあり、五人の人たちが座り、速記者用キーボードを叩いていた。私たちが普段使うキーボードとは違う形態の文字盤だった。彼らはキーボードをただ忙しなく叩いているわけではなかった。お互い量を分担して打っていて、その姿はまるで同じ旋律に合わせてピアノを弾いているようだった。

イベントが始まると、口で話す人と手で話す人が並んでステージに立った。一人は口で話して司会者を見て、別の人はその話を手で訳した。その横では、彼らの口の言葉と手の言葉が文字言語として書かれ、スクリーン上で下から上に流れていった。誰に対しても平等な場であった。

その日の演者たちが順にステージに上がった。ある人はマイクを握り、ある人は手と表情を動かし話をした。その度に手話通訳士は音声言語を手語に訳し、マイクを持って手語を音声言語に訳した。手語同時通訳の最適なセッティングは十五分毎に通訳士が替わることだと習ったが、まさにその光景に接することができた瞬間だった。

コーダというアイデンティティを持ってステージに立った人たちは、各自の話をその場で解き放った。私は彼らの話を見て、聞いた。彼らの口と彼らの手から、私の話があふれ出てきた。先輩たちが経験してきた話はすなわち私の話であり、私の話はまさに彼らの話となった。どうしたら私の人生がこんなにまでこの人たちの人生と似るのだろうか。笑ってはまた目を赤くした。彼らの話はいくつものかけら《ピース》となり、私はゆっくりと彼らと自分のかけら《ピース》を合わせていった。

ろうの両親のもとで育つ

両親は唇の代わりに顔の筋肉を時に大きく、時にわずかに動かしながら、手で話をした。後天的聴覚障害を持つ母のお腹の中に、私がいた。私がこの世に初めて頭を出した時、両親は私を見て喜んだが、両親の両親は私の耳を注意深く調べた。私は聞こえた。しかし、聞こえない両親が、聞こえる子どもを育てることは、容易なことではなかった。

◆コーダ　イ・ヒョナの話

両親は夜は代わりばんこで起き、父が面倒をみている間は母が少しの間目を閉じて、母が面倒をみる時には父が目を閉じて。母は洗い物をする時、赤ちゃんが泣いている声を聞

＊「手話通訳センター」「手話通訳士」のような名称は、「手話」が「手語」と制定された後もまだ公式名称に変更されていないため、「手話」という単語を使って表記した

くことができないので、どうするか悩んだ末、父の補聴器を借りて耳につけ、泣いたら行って抱っこして……。補聴器は夫婦の間で共有のものでした。そうやってかわいく成長している赤ちゃんの声がどんなものか、もしかして自分の声に似ているんじゃないか。だから、周りの人たちに、うちの娘の声はどう？　と聞いてみたり。よかった、言葉をちゃんと話すんだと安心したりもしたそうです。

両親は聴覚障害二級という障害を持っていた。しかし、父は補聴器を着用すれば、ほんのかすかに音を感知することができた。それがどんな音で、どこから出た音なのかを正確に知ることはできなかったが、音がするということは認知できたのだ。

家具職人だった父は、一日中おが屑を飛ばしながら鉋《かんな》がけをしていた。夕方には仕事を終えて、家に帰って来て、まず最初に耳に補聴器をつけた。仕事の時は必ずしも音を聞かなくてもよかったが、家では必ず聞かなければならなかった。

私は、唇の代わりに手でばぶばぶと言いながら、両親の言語を習得した。手で一単語ずつ手語を覚え、両親は私の目を見ながら表情でコミュニケーションをとった。しかし私は、同じ年頃の他の子どもたちと比べて、音声言語がうまく話せない部類に属した。

そうして私は、両親から手語を習い、外の世界から音声言語を習った。両親は誰よりも私をかわいがって育て、誰よりも私を愛した。二人は口の言葉の代わりに顔の筋肉を自由自在に動かし、手と身振りを使って意思疎通した。その言語はたいへん直接的なものであり、ゆえにとても親密だった。

◆コーダ　ピョ・ヒソンの話

手語を使う方たちはわかるでしょうけど、表情がとても激しいじゃないですか。私も大学で友だちに、「手をいつも動かしている」「顔の表情が激しい」とよく言われます。それが私の特徴で、最大の長所です。それから、私は人の目を見て会話をします。それは私にとって難しいことではありません。なぜかというと、両親と話す時はいつもそうするからです。目と手を見ながら話をしなければならないからです。

どこに行っても父と母は人目を引いた。人々は口を開いて母に話しかけたが、母は微動だにせず、していたことを続けた。すると彼らは、母の頭からつま先まで舐めるように見ては、何かを悟ったかのような表情で、「アー、えーと、ホエア、アーユーフロム？」と聞いた。ロシアの舞踊家のようなエキゾチックな顔つきをしている母は、時々田舎の人々を慌てさせた。その度に母は「なんだって？」と、私に向かって心配そうな表情を浮かべ、私は手を左右に振りながら口で話した。

「ちがうんです。母は聴覚障害者なんです」

するると、彼らはまるで約束でもしたかのように数秒間言葉を発しなかった。そして私に、「あなた、苦労してるのね。がんばりなさい」と言って、初めて会った人なのにポケットを探って、小銭を握らせた。あるいは、「両親が聴覚障害者でも、あなたは決して恥ずかしいと思ってはだめよ。わかるわね？」というお言葉をくれたりした。会う人会う人そんなことを言うので、私はうんざりだった。しかし、大人に対して文句を言ったら、礼儀のない子になるとよくわかっていたため、私は目を輝かせてうなずいた。

◆コーダ　ハン・ミンジの話

田舎で育ったんですが、バスを待っていると、おばあさんたちが、かわいそうに、立派だわ、感心だね、そんなことを言うんです。いい歌もずっと聴いていたら嫌になるじゃないですか。私は充分に愛されて幸せに育ってきたのに、おばあさんが何だってそんなことを言うのか、そんなふうに思いました。

◆コーダ　ピョ・ヒソンの話

「お父さんお母さんは聞こえない人だから、あんたは一生懸命勉強しなければならない」、そんな言葉を幼い頃からたくさん聞いて育ちました。だからか、誰かに自分が好きなこと、嫌なことをはっきりと言えずに大きくなりました。良い子でいなければならなかったので、問題が起きたりつらいことがあっても、一人で飲み込みました。「それは私にはできないことなんだろうな」と、初めっから判断して諦めたんです。例えば、中学校の時吹奏楽部があったんですけど、そこでクラリネットをどうしてもやってみたかったんです。楽器なんていうものは両親の知る範疇にはありませんでした。経験もなく聞いたこともなく、楽器がなぜそんなに高いのかもわからず、お金がかかる分おもしろくなければいけないんですが、父も母も全然おもしろくないだろうなと思って、説得できそうもなかったんです。だから、そういうふうにまず悩んで、やりたいことを諦めなければならない瞬間がたくさんありました。

言葉を話す人たちとぶつかる

子どもの頃から親の通訳をしながら育った私は自然と、世間の人々と自分の両親が少し違うということを認識するようになった。ＩＭＦ経済危機*が押し寄せ、父が家具の下請け会社から解雇されると、母は父とともに生計のための闘いに飛び込んでいかなければならなかった。どんな仕事をすればお金を稼ぐことができるのか悩んでいた両親は、ろう者の友人からホットク**とプルパン***の商売が稼げるという話を聞いた。

父はその日のうちにろう者の友人から中古のホットクの機械を半値で購入した。ホットクやプルパンを焼くためには、生地も必要だし、機械も必要、ガスボンベも必要なのだが、それらをすべて移動させるには車が必要だった。父は乗用車を売って、三人だけ座れる小さなホットク・トラックを用意した。車の後部でホットクとプルパンを焼いて売れるようにデザインされたトラックだった。母は、ホットクがよく売れる場所を探すのに忙しかった。当時ろう者たちの間ではホットク商売をすればお金を稼げるという噂が蔓延していた。

◆コーダ　イ・ヒョナの話

両親はホットクの商売をしていました。私は父が好きで、ホットク屋台をしているところによくついて行きました。一日にどのくらいホットクを売るのか、またどのくらい稼ぐのか気になってもいましたし。その時、取り締まり係が来て、商売をできないようにしたんです。知らない人が来て、ホットク屋台のリアカーを取り上げようとした時、父と母が止めようとあがいていた姿を忘れることができません。車を奪われ、また探してきて、という過程を見ながら、父母はどうしてああいう人たちと争うんだろうか、他の人たちもあんなふうに車を奪われ探して、また奪われ探して、そんな生活をしているんだろうなと思っていました。小学生になる前のことです。

◆「Codaに目覚める」中村恵以子

私は三歳くらいのときから、親と一緒に銀行とかに連れていかされて、通訳をやっていたんです。親からは聞こえるんだから、と思われ、銀行員からはろう者の子どもなんだからもちろん手話ができるだろうと思われるんです。たとえば「口座番号」などという言葉の意味なんか、三歳の子どもにわかるわけがありません。その板挟みで、ますます嫌になりました。

（『ろう文化の理解』（聾唖社会情報院、二〇〇二年。

*【IMF経済危機】単にIMF、またはIMF外換危機などとも呼ばれる。一九九七年十二月三日、韓国は急速な外貨の流出により国家的な通貨危機に陥り、国際通貨基金（IMF）に救済を要請した。多くの企業が不渡りを出し倒産、失業者が続出した韓国最大の経済危機

**【ホットク】小麦粉などの生地に黒砂糖やシナモンなどの餡を入れて平たい円形に焼いた、韓国屋台の定番の菓子

***【プルパン】小麦粉の生地に餡を入れて焼いた、大判焼きのような菓子

日本の原典は『現代思想4月臨時増刊　総特集ろう文化』青土社、一九九六年。
二〇〇〇年に同社より『ろう文化』として書籍化）

一ヶ月間海水浴場でホットク屋台をするという両親について、私は車に乗り込んだ。昼は弟と一緒に指がふやけるぐらい水遊びをし、夜には母の隣に立って残ったプルパンをつまんで食べた。父は小麦粉がぱらぱらと散る軍手をはめて、生地をこねた。母は生地が出てくる漏斗を持ってプルパンの表裏をひっくり返しながら焼いた。客が来ると「千ウォンです」と言うのは、弟と私の役目だった。私たちはお金を受け取って、おつりを渡した。このまま持って行ったら銀行の人が嫌な顔をするからと言って、父と母は毎晩小麦粉が付いた小銭を雑巾で拭いていた。

両親は商売がうまくいかないとその度に機械を変えた。油を引かないホットク、プルパンに始まって、ワッフル、イカのバター焼き、菊の花模様のプルパン、チョコレートバナナ、ムール貝、巻き貝のカワニナ、東大門《トンデムン》で仕入れてきたありとあらゆる玩具、装身具、ビーズのネックレスなどが、父の主な商品だった。私は陳列台に並べられるものが変わる度に、それらの値段を覚えて勘定をした。

◆コーダ　イ・ヒョナの話

小学二年生の時でした。保護者面談がありました。他の友だちもみんな親御さんがいらっしゃって、うちの親も来ました。もちろん私が母の隣に座って通訳をしました。「ヒョナは本当に良いお子さんです」と、先生がおっしゃいました。その時急にわけもなく涙が出たんです。なぜ泣くのかわからないまま涙が出ました。後になってやっと理由がわかりました。他の親御さんたちは先生となんの問題もなく話をしているのに、うちの母は私が通訳をしなければいけないんだなと、違いがわかったんだと思います。

私は七歳になり、小学校に入学し、父と母は全国の祭りという祭りをすべて巡回し、ホットク商売をした。一週間に一度家に帰ってきた両親はいつも疲れた顔をしていた。どこで寝ているのか尋ねると、母はワゴン車で寝たり時々旅館で寝ていると答えた。しかし、それは私の関心事ではなかった。私は学校に通うことに邁進した。学校では文字も教えてくれたし、かけ算も教えてくれた。時々家でしなければならない宿題があったのだが、それは教科書ガイド（参考書）を買ってほしいと言えば解決することだった。教科書ガイドを見て答えを書き写したが、どうすれば、ただ書き写した答えではなく、ガイドを参考にした程度の答えになるのか推測しながら宿題をした。

だが、ガイドでも解けないものがあった。割り算だった。かけ算は九九を覚えたのでどうにかこうにか解くことができたが、割り算はどういう原理なのか全く理解ができなかった。答えを書くことも重要だったが、なぜこの問題の答えがこれなのか知りたかった。

しかし、聞く人がいなかった。二歳下の弟はテレビを見て遊んでいたし、両親は私より世の中のことを知らない人たちだった。祖父母は年寄りなので知らないだろうと思った。私はいくつかの割り算の問題を前にうんうんうなり、結局泣き出してしまった。その時、父が玄関に入ってきた。父は私に駆け寄ると、額の横に人差し指を当て、手語で言った。

「どうした？　なんで泣いているんだ？」

私は父の腕を振り払った。

「言ったってお父さんはわからないじゃない、こんなこと！」

私は悲しくて大声で泣いた。父は私が持っていた数学のドリルを手に取った。そして鉛筆を取って線を何本か引くと答えを書いた。私はガイドにあった答えとそれを見比べた。正解だった。

「お父さん、これ、どうしてわかるの？　数学できるの？」

父は、俺が割り算もわからないと思うのか、このぐらいはわかるさと、どうだという顔で言った。「見てみろ、こうやってやるんだ」。父は私に割り算の原理を教えてくれ、頭をこつんと小突いた。しかし、なぜか涙が出続けるのを、私はどうすることもできなかった。

◆コーダ　ピョ・ヒソンの話

子どもの頃から勉強を一生懸命しなければならないというプレッシャーがあって、がんばって勉強しました。勉強もして、本もたくさん読んで。でも、だんだん両親から遠くなっていくんです。私が知っている単語の幅はだんだん広がっていくのに、それを私が知っている手語の単語で話すには限界が生まれました。子どもの頃は、私が知っている単語の数と母が知っている単語の数が同じくらいで、話すのは難しくありませんでした。でも、だんだん話したいことは多くなっていきました。社会問題についても話したいし、読んだ小説についても語りたいのに、もはや母が理解できない部分が出てきていたんです。「まだ十五歳なのに、なんで私が父や母より大人のように感じるんだろうか」。それが始まりでした。次第にもっと話をするのが難しくなってきたんです。父や母の方が大人なのに、私が大人の役割なんてやってられないという思いで、つらい思春期を過ごしたんですが、そんなことを直接言うことはできませんでした。

口で話す人たちの世界の中へ

誰もそうしろと言わなくても、私は一生懸命勉強した。両親は毎日、夜も寝ないで何をしているんだと言って、私の部屋の電気を消して行くのだが、私はその度になぜ消すのかと怒って再び電気をつけることの繰り返しだった。私は誰よりもうまくやり遂げたかった。他の人に褒められたかったし、認められたかった。両親から認められることはさほど重要ではなかった。他の人たちに認められることがより重要だった。だから、勉強をがんばった。成績が上がれば上がるほど、人々は私に言った。

「ボラは両親が聴覚障害者なのに勉強ができる。本当に感心だし良い子じゃないか。まあ、ヘジンときたら、両親が障害者なのに問題ばかり起こして。勉強もさっぱりだよ、もう」

そんな時には、両親の障害が私にとってプラス要因になった。品行方正であることも加算された。だから私は優等生になることに決めた。何ごとも「一生懸命」「いっぱい」やって、賞を獲らなければならず、褒められなければならなかった。そうすれば、自ずから大人たちの愛情を独り占めできた。すべてのことが私のものでなければならなかった。

◆コーダ　イ・ヒョナの話

小学四年生のときのことでした。ある時母がとても腹を立てていました。急に「大邱《テグ》」と言うんです。私はわけもわからないまま、大邱行きの列車に乗りました。母の顔はいつもとは全然違いました。列車に乗って大邱に到着すると、「タクシー」と手語で言いました。タクシーに乗って、ある結婚式場に行きました。

式場の前で新郎が挨拶をしていたんですが、母がものすごく怒った顔で、「あんたの父さんが四百万ウォン借りて行ったんだけど、まだ返してもらってないよ！　ヒョナ、ほら通訳して。なんでしないんだ？」と言うんです。私は結婚式場で「あなたのお父さんが事故で亡くなる前に貸したお金を、なぜ返さないのですか」と言わなければなりませんでした。なぜ突然母がそんなことを言うのか、なぜ突然私たちが四百万ウォンを受け取らなければならず、なぜ結婚式場で彼の胸ぐらをつかんでこんなことをしなければならないのか、さっぱり理解できませんでした。

「お母さん、やめて。ここ、結婚式なんだからやめようよ」。私は逃げ出したかったけど、すでに新郎の胸ぐらをつかんでいる母の手を引き離すことができませんでした。ソウルに戻る列車の中で母はようやく一部始終を説明してくれました。そんな状況がしょっちゅう繰り返されて、それが心の傷になって残っています。

子どもの頃は、ろう者たちがなぜそうやってお互いに、お金を返せと殴り合いのけんかをするのかわかりませんでした。そんな姿がとても嫌だったんですが、のちに大きくなってみてわかりました。ろう者たちは、銀行に行ってお金を借りられる環境ではなかったんです。一日分の日当をもらって生活して、四大保険に加入できない仕事を主にやっているため、銀行の取引は簡単ではありませんでした。だから友人同士でお金を借りるんだなと、のちになって理解ができたんです。

勉強を一生懸命することが、借金の多い我が家で私ができる唯一のことだと信じていた。八歳の時、母の代わりに銀行に電話をかけ、うちの借金がいくら残っているのか尋ねたこと、新しく引っ越す家のことで電話をかけ、チョンセ*はいくらなのか、または家賃はいくらなのかを聞かなければならなかったこと。そんな一連の経験を通して、同じ年頃の友人たちより早く、我が家の経済事情について見当をつけることができた。うちが他の家より借金が多いことを知り、世間の人々が母の障害についてどのように差別して、どのように違った目で見ているのかを知った。だから、私は少しでも早く大人にならなければならなかった。

その度に私も、境界線にいる私の立場が嫌でした。子は親に保護されるべきなのに、他の人と障害者の両親、そして私。そういう状況で話をする時は、私が障害者である父母の保護者にならなければならなかったからです。そんな時は、早く大きくなって、保護されるべき娘というタイトルをさっさと取り去りたかったです。私の人生の原動力と言えるのは、負けず嫌いと復讐心なんですが、あえて同情されない人間になることが目標でした。

私は一等になって、賞を獲ることに邁進した。その度に両親の障害は、私の背後にじっと隠れた。早く両親のもとから抜け出して、新しい世界に向かいたかった。だが、外向的で積極的だった私とちがって、弟は消極的で内向的だった。

手語で話す両親は、手で弟に話しかけたが、私は話し言葉を学んでおり、生後間もない弟に声をかけた。弟はそれが声だということを感知し、声で意思疎通ができるということを学んだ。私は自分が学んだ単語を弟に教えてやり、弟は手語より音声言語を先に習得した。

父と母は何かある度に私に通訳を任せた。二歳下の弟より私の方が知っている単語が多く、

＊【チョンセ】不動産を一定期間借りる時、所有者に一定の額を支払うシステムのこと。家賃を月々支払う必要がなく、その不動産を返す時は預けた全額が返済される

通訳の経験も多かったからだ。自分の意思と関係なく、私は人々の前で手語と音声言語を代わる代わる話した。我が家のことは大なり小なり私を通して決定され、私の意見も大きな影響を与えた。しかし、私の代わり、後任は弟の役目だった。私はどうしたら両親の障害から遠く離れることができるか悩んで一生懸命勉強することを選んだが、弟は自分の立ち位置がはっきりせず、友だちから親が唖《おし》だとからかわれた。

◆コーダ　ピョ・ヒソンの話

すぐ下の弟に対しての怒りがありました。一歳しか違わない弟なのに、両親はまず私に手語通訳をさせるので、私の方が上手だったし、私が通訳する状況が多かったんです。自然と弟は、父や母と話す場合以外は手語を使うことがなくなりました。

でも、ご存じの通り、通訳と日常会話は違うじゃないですか。それなのに、いつも通訳を私がしなければならないというプレッシャーがありました。ある時、食事をしながら母が弟に気になっていることを手語で尋ねました。それを私が音声言語で弟に聞くんです。そしたら弟が返事を私に言って、私はそれを母に手語で通訳します。その状況がとってもおかしいんです。弟も手語ができるのに、母も弟と手語で会話できるのに、この人たちはなぜ私を介して会話をするんだろうか。できるのにしないのがすごく嫌で、弟が憎らしかったです。だからわざと弟に向かって傷つけるような言葉をたくさん言いました。あんたもできるのになんでしないのか、ばかでもないのになぜしないのかって。

弟が手語通訳をせざるを得ないようにしようと、特に用もないのにわざと学校に行ったりしました。弟にプレッシャーをかけ、責任感を共有しようとしたんだと思います。なぜ私ばかりつらい思いをしなければならないのかということです。私が抱いている怒りの一部を弟に転嫁したんですね。

しかし、成績を上げることに汲々としていた私にとって、弟は眼中になかった。中学校を卒業する頃、私はすぐにこの町でなく他の町にある高校に進学すると言った。その学校はここよりずっと勉強がよくできるところだともっともらしく言ったが、実際はここではない別のところに行きたかったのだ。この家の重圧を背負っていたくなかった。

◆**コーダ　ピョ・ヒソンの話**

他の人はみんなやっていることを、私だけなぜ気をつかってつらい思いをするんだろうか、という瞬間がたくさんありました。だから、大学は絶対両親から離れたところに行こうと決めました。それで、ソウルにある大学に進学して、その時初めて自由というものを感じました。

両親には申し訳なかったけど、もうこれ以上私が手語通訳をしなくてよくなるだろうし、つらいこともそんなになくなるだろうと、ソウルに行くことをとても嬉しく思いました。ああ、後は弟が代わりにやるんだなと。実はそれが一番嬉しかったんです。手語通訳をする用事があったら学校を早退して来いと言うほどだったんですよ。その頃は銀行が五時に閉まるから、早く来い、早退しろと。それを弟にはさせずに、私にだけさせたんです。

私は京畿道安山《キョンギドアンサン》（ソウル近郊の都市）にある学校に願書を出した。緊張しながら試験を受け、合格通知を受け取った。そこには知り合いもなく、寄宿舎の割り当てにもはずれて、結局考試院《コシウォン》*で生活しなければならなかったが、それでもとても嬉しかった。私は入学もまだのうちからそこで荷をほどいた。

再び、手で話す人たちの世界へ

どこに行っても、私は聞かれた。なぜそんなに直接的に話すのか。あなたはなぜそんなにストレートなのか。なんでそんなに手を動かすのか。どうして表情がすごく豊かなのか。なぜ親に電話をしないでメールを送るのか。なんで両親とビデオ通話をするのか。地下鉄でろう者を見かけるとなぜ嬉しそうに笑うのか。なぜ他のマイノリティにそんなに関心を持つのか。なんでそうやって人の顔色をうかがうのか。

その度に私は、そばに両親がいないにもかかわらず、両親の障害を説明しなければならなかった。

「あ、それは、私の両親が音が聞こえないので、子どもの時、手語を先に覚えたんです。手語は目を見て顔を向き合って話す言語なので、とてもストレートなんです。話し言葉は遠回しに言ったりしますよね。手語は目にパッと見えるように表現する言語だからなんですが……」

私はいつもいつもそうやって説明した。「私」を語るためには、両親、私が育った環境を語らなければならなかった。それはすなわち、ろう文化を聴文化に説明しなければならないことを意味した。

＊【考試院《コシウォン》】もともとは司法試験などの国家試験を目指す受験生が住むための施設で、一部屋が机と寝るスペースほどに仕切られている安宿。トイレ・シャワーなどは共同のところが多い

◆コーダ　イ・ヒョナの話

誰かが私に初めて「あの子はコーダだ」と言った時、すごく気分が悪かったんです。その単語が何かもわからなかったけど、私をけなしているようで。コーダ？　語感が良くありませんでした。ろう者の両親の子どもをコーダと言うんだって？　なぜ私を聴者だと呼ばずにコーダだと呼ぶのか。そうしているうちに、コーダという言葉には特別な意味があるんだろうと考えるようになりました。何か重要な意味があって、重要だからこそ私をそう呼ぶんだなと。そして、両親がろう者であり、ろう者にはろう者の特性があるということを理解していくうちに、ずいぶん変わりました。以前はろう者が本当に嫌な存在だったんですが、今は手語が好きでろう社会の方がかえって居心地がいいです。彼らからたくさんのパワーをもらいます。だからこそ今の私があるんだと思います。

二十四歳になってようやく、私が立っているこの境界が私だけのものではないということを知った。コーダの先輩女性たちは、「コーダ・トークコンサート」の間じゅう口で話しながらも手で話し、手を読みながらも口で感嘆の声を張り上げた。

初対面なのに彼女たちといるのがとても心地よかった。何も説明しなくてもいい間柄。私が「あ」と言えば「うん」と応え、「うん」と言えば「あ」と応える人たち。まるで血のつながった姉に会ったかのような感じだった。この集まりでは、もうこれ以上背伸びをしなくてもいいんだな。彼女たちと私には、他にどんな共通点があるんだろう。どんな違いがあるんだろう。その違いの中で、私が誰なのか、見つけ出すことができるだろうか。このストーリーは、どうしたらすでに語り尽くされた話にならず、もうひとつの新しいストーリーになるだろうか。

私たちは、「コーダ・トークコンサート」以降も定期的に集まることにした。集まらなければならない理由は明らかだった。共通しながらも別の地点に立った人の話を集めること。私たちが何者なのかを発見すること。私の、ろう社会の中でコーダとして育った話と、聴社会に出合ってぶつかった話。その境界に自分を発見し、その違いから自分を再発見してきた一連の経験を、あなたと私の記憶のかけら《ピース》を通して解きほどいていくこと。私たちはそれをしなければならなかった。

二章

口の代わりに手で話す人々

1 父と出かけたアメリカ旅行

――娘よ、今年の夏アメリカに行こう。「デフ・ワールド・エキスポ」、そこに参加するつもり。通訳と観光、どう？

父はデフネイション・ワールド・エキスポ（DeafNation World Expo）が開かれるアメリカ・ラスベガスに商売と国際交流を兼ねて、一緒に行かないかと言ってきた。生まれて一度もアジア大陸を抜け出したことがなかった私は、父からの携帯メールを読んですぐ返信した。

――うん！

胸が躍った。話に聞くばかりだったアメリカの地に足を踏み入れられるという事実に。それがヨーロッパでもドキドキは同じだっただろうが、それとはまた別に理由があった。そこはろう者の天国と呼ばれるアメリカだからだ。

父はアメリカに行くために一生懸命お金を貯めた。肝心の母はというと、通っていた職場の関係で一緒に行けないことを残念がっていた。

二人分の航空券を予約して、荷物を簡素にまとめた。ところが、父は仕事を終えて家に帰ってくる度に何かしらいっぱい持ってきた。それは出発の日も同じだった。段ボールや大型キャリーバッグに荷物をぎっしり詰めた。普段から几帳面がモットーの父が得意なことは、やはり荷物を詰めることだった。私は自分のキャリーバッグを手荷物として預けようと思ったのだが、父は首を振り手を左右に振った。父の手が私を指し、そして父の体を指した。そして両方の手のひらを開いて、間に梨一個ぐらいが入る空間を作り、両方の指先を合わせた。「合わせる」という手語だった。「お前、俺、合わせる、四十キログラム」。

父は預けられる荷物の量を最大限にするために、私を連れていくのかもしれない。四十キロどころか七十キロを優に超えるいくつもの荷物を、安城《アンソン》（ソウル近郊の都市）バスターミナルに下ろした。私がバスのチケットを買って高速バス乗り場に立っていると、父はせっせとバスに荷物を積んでいた。しかし、バスの運転手が放っておくはずがなかった。

「なに、バスをチャーターでもしたんですか」

運転手は大声でどなりながら父に近寄ってきた。私は隣でこうなると思ったと眉間にしわを寄せた。父は私を見て人差し指を伸ばし、左右に振った。

「何?」

私は父ではなく運転手に口を開いた。

「いえ、運転手さん。仁川《インチョン》空港に行くんです。父が、荷物がちょっと多くて……。私たちが全部積み込みます。ご心配なさらず」

私は平然としたふりをして微笑んだ。

「いや、他の人たちも荷物がたくさんあるのに、こんなに載せたら他の乗客の荷物はどうやって載せるんだ。チャーター料金を払いましたか」

「いいえ……。ここ、席がいっぱいあるから大丈夫じゃありませんか。今回だけ許してください。父は聴覚障害者なので言葉が話せなくて」

父も眉間にしわを寄せた。私は文句を言っている運転手を背に、荷物を指さし父に手語通訳をした。すると父は、荷物を積むのがそんなに怒ることかと言い、大丈夫だという手語を続けるばかりだった。

私は困った表情を浮かべ、最大限かわいそうなモードを維持しようとしたが、父に対するいらだちはどうしようもなかった。ターミナルの乗り場に並んでいる人たち皆が私たちを見つめていて、運転手は他の運転手と一緒になって私たちに対して顔を真っ赤にして怒っていたからだ。私はアメリカ大陸に行こうという誘いに、くたびれたリュックはやめて新しいキャリーバッグまで用意したのに、父は段ボールと時代遅れのキャリーバッグを持って、バスに荷物を積むことも下ろすこともできずにいた。

「もう、だからこんなにたくさん持って来るなって言ったじゃない。これ、空港でも追加料金を払わなきゃならないんだよ！」

私が怒ると、父はあごに小指を当て、「大丈夫」という手語を繰り返すばかりだった。私は仕方なく、「それじゃあ、どうしましょう。荷物が多いんですけど、行かないわけにもいかないし。どうしたらいいですか」と、運転手に聞き返した。すると運転手は何度か癇癪を起こした後、ため息をついて、お金を追加で払えと言った。結局私はもう一人分の料金を払って、ようやくこの恥ずかしい状況から抜け出すことができた。父は周囲の視線などには絶対動じない、そういう人だった。

空港に到着するとすぐ、荷物をカートに載せた。私は出発のひと月前からウェブサイトを何度も検索し、父に一人あたり二十キログラムを超過してはだめだと言っていたのだが、父は断固とした態度だった。

「昔オーストラリアとグアム、行った時、荷物が多くても大目に見てくれた。大丈夫」

私はため息をついた。

「でもお父さん、規定というものがあるんだからそれを守ろう。ね？」

だが、父は私の手語を見ぬふりをした。

二つのカートを引いてチェックインしようとすると、航空会社のスタッフは顔いっぱいに笑みを浮かべ言った。

「お客様、私ども、航空手荷物の規定がございまして。それ以上持って行かれる場合は、オーバーチャージをお支払いいただくことになります」

私は目の前のスタッフのように顔いっぱいに笑みを浮かべ、父にそのことを通訳したかったが、すでにいらだちが頂点に達していた。

「だから家で言ったじゃない。だめだって！　二十キロだけど二十五キロまでは大目に見てくれるから、合わせて五十キロまではただで送れるって。残りはお金を払わないとだめだって」

すると父は、昔オーストラリアとグアムに行った時は全部大目に見てくれたと、手で説明した。

「だから、それは昔の話で……」

私は小さい声でぶつぶつ言った。

「あの、昔飛行機に乗った時には無料で送れたと言っているんですが……」

父は私の言葉が終わりもしないうちに手を動かした。

「障害者だから大目に見てくれと言え。航空券も障害者割引を受けたかったけど、繁忙期だから障害者割引がなくて、高い一般料金を払って買った。障害者特別待遇、頼む」

「父がですね……、障害者特別待遇とか補償のようなものありませんかって……。チケットも繁忙期だから障害者割引を受けられなかったんですよ。ちょっと大目に見ていただくことはできませんか」

頑として聞かない父の前で航空会社のスタッフは、自分ができることはここまでだと困った顔をした。父もまたどうしてくれるんだという顔で石のようにその場に立っていると、スタッフはマネージャーを呼ぶのでしばらく待つように言った。その後、私はもう一度父を指して困った顔をしなければならなかった。

「父が聴覚障害者なんです。この荷物全部持って行きたいと言うんです。今回障害者割引も受けられなかったんですが、父が参加するイベントは世界中のろう者が集まるエキスポで……」

父は韓国代表として参加するということをちゃんと通訳しろと付け加えた。実際韓国から誰も参加する人はいなかったので、私たちが唯一の韓国国籍の参加者だったのは確かだが、「代表」という立場で参加するわけではなかった。父は「代表」と「唯一」を時々混同することがあった。

「そのイベントに代表で参加するのに、まだ政府の支援だとか協会の支援のようなものがないんです。だから、ちょっと助けてはいただけないでしょうか」

父はどんなことがあってもこの荷物をすべて持っていく態勢だった。しかし、マネージャーにも、チェックイン担当者にも、航空会社にも、規定というものがあった。しばらく揉めた末、マネージャーは困った顔をしながら、繁忙期なので障害者割引をしてさしあげられず申し訳ないと言った。

「私どもが最終的にしてさしあげられることは、お二人合わせて六十キログラムまでは無料で承り、残りは追加料金をいただく、ということでいかがでしょうか」

私は二つの手と表情、唇を動かして一生懸命手語通訳をしたが、心の中では、どうかこのすべての状況がさっさと終わるよう祈った。父は満足いかない表情だった。

「お金はあといくら?」

父はカードを出した。ふう。私は安堵のため息をついた。その後も、保安検査カウンターを通り、出国審査カウンターを通る度に、「父が聴覚障害者なので、私が通訳しながら一緒に通過します」と言わなければならなかったが、それは他のことと比べれば何でもないことだった。

私は飛行機に乗るやいなや、耳にイヤホンを差し込んだ。

WELCOME TO AMERICA

フライト時間は長かった。私は映画を二、三本立て続けに見た。父も映画を見たそうな様子だった。座席ごとに備え付けられたモニターで見られる映画を父に選んであげようとすると、まず映画のジャンルを選ばなければならなかった。私は父に、韓国映画は除いて選ぶように言った。韓国映画は字幕がないため見られないということを、経験を通して知っていたからだった。父は映画リストを順に見ていき、ハリウッド映画を選んだ。私は再生ボタンを押した。西洋人たちが一人、二人と画面に登場した。

「これ、字幕ない。なぜ?」

父は私の腕をトントンと叩いた。画面には中国語の字幕が出ていた。私は付けていた自分のイヤホンを父の席に差し込んだ。聞き慣れた言語が流れた。吹き替えの声だった。画面が小さいため字幕が見づらいので、もともと映画全体を韓国語に吹き替えてあったのだ。

ボタンをあれこれ押してみた。フランス語、中国語、英語、スペイン語の字幕はあったが、ハングル字幕は見つけることができなかった。ハングル字幕がないということは、父のように音が聞こえない人は韓国映画はもちろん、ハリウッド映画も見られないということだ。ばかな機械め。私はイライラしながらボタンをぐいぐい押した。

「お父さん、他のを見ないとだめみたい。字幕がないの」

父は大丈夫、他の映画を見ると言った。父は平然とした顔だったが、私は無性に申し訳ない気持ちになった。障害者割引もなく、韓国の航空会社の飛行機に乗ったにもかかわらず、機内で映画も自由に見ることができないとは。短距離であれば寝てしまえばいいのだが、半日以上の時間がかかる旅程で、聞こえない人はいったい何をして過ごせというのだろうか。

しかし、父と私ができることは何もなかった。乗務員に腹を立てることも、提供されない字幕を自らカチャカチャと打ち出すこともできなかった。私は一人で腹を立てた。だが、こんな状況は父にとっては慣れたものだった。

子どもの頃、我が家にはハングル字幕受信機*がなかった。だから母はドラマを見る度に人差し指を左右に振りながら、「なんて?」「何?」「どういう状況?」と、私をトントン叩いたものだった。私はといえば、ドラマのヒロインにすでに深く感情移入した状態だったので、腕をトントン叩く母の手を払うのに忙しかった。

「あ、ちょっと待って」

母が内容が気になって、私の腕をつかみ体を揺すり始めると、私はとても簡単に、「あの男の人のお母さんがあの女の人に、このお金でどこかに消えてくれって」と通訳した。母も私同様、劇中のとても細かい部分まで知りたがったが、私が通訳をしてあげなければ、それは見当もつかないことだったので、テレビを見ながら私に腹を立てたり、すねたりもした。しかしそれはどうにもならない領域だった。私だってドラマをどうしても見たかったからだ。だが、学校の先生が「親孝行日記」を書くという宿題を出すと、私はこのエピソードを素材にして日記を書いたりもした。

父は映画を見る代わりによく寝た。アメリカに着いて時差に適応するためには、私も飛行機の中で充分に寝ておかなければならなかったのだが、はやる気持ちはどうすることもできなかった。何本かの映画を続けて見た後、少しの間眠ると、機内の灯りが点いた。窓の外には荒涼とした山脈が広がっていた。暑く乾燥した砂漠の都市、ラスベガスに到着したのだ。父はその風景を見つめていた。父は今どんなことを考えているのだろうか。ビデオカメラを取り出して父の横顔を撮影した。父は窓の外を静かに見つめ、私もまたそんな父を見つめながら静かに息を吸い込んだ。

＊【字幕受信機】専用受信機をテレビにつなぐことにより画面で字幕が見られるもの

ラスベガスのマッカラン国際空港は思ったより小さかった。私たちは入国審査カウンターの前に並んだ。アメリカのビザはインターネットで前もって申請済みだった。しかし、入国過程でしばしば問題が起きるという話を聞いていたので、少し緊張していた。私は父の前に立った。

「私が先に行くから。後から来て」

気難しそうな女性職員は、私のパスポートとコンピュータのモニターを覗いて、何の目的で来たのかと尋ねた。ラスベガスで開かれている「デフネイション・ワールド・エキスポ」に参加する予定だと答えた。彼女はしばし書類を調べると、アメリカへようこそという言葉とともにパスポートを返してくれた。次は父の番だった。職員が父に向かって手を伸ばして、こっちに来いという手振りをした。父はパスポートを職員に渡した。父がカウンターの前に立つと、私は父の隣に行き口を開いた。

「父は聴覚障害者なんです。言ってくだされば私が通訳します」

職員は無表情で私を見て、何も言わず立てた人差し指を横に振った。私はしゅんとなって何歩か下がった。彼女は人差し指と中指を広げ自分の目を指して、こっちを見ろというサインを父に送ってみせた。父は驚いた顔をした。彼女は両手の親指を父に見せた後、下の指紋認証機を指さした。父はどうしたらいいかわからず私を見たが、職員が父を見て、指を立てて方向を示しサインを送ると、父は彼女の目を見てゆっくりと動作を真似た。父は両方の親指を指紋認証機に当てた。そして彼女がオーケーというサインを出すと、父は指を離した。彼女は他の指も同様にするよう最後のサインを送り、父は口元に笑みを浮かべながら彼女の手振りに従った。入国に必要なすべての手続きが終わると、職員はパスポートを返し、右手をあごに当ててからそのまま前に出した。“Thank you”という意味のアメリカ手語だった。父も手をあごに当ててから前に出した。

“Thank you so much!”

私は父の後ろから口と手を同時に動かしながら言った。職員は余裕の表情で親指を立てた。

「お父さん、ここの人たちは基本的な手語ができるみたい。私が通訳しようとしたら、手伝ってくれなくてもいいって」

「うん、親切だ。良い国。ここ」

私たちは職員の簡単な手振りに、まるでものすごい歓待を受けたように感じた。

デフネイション・ワールド・エキスポ

父は明け方から商売の準備に大忙しだった。靴を引きずってあっちこっち歩く音が、部屋の中に響いた。父のスニーカーはいつも踵からすり減る。いつだったか、もう少し軽やかに、音を立てずに歩けないのかと尋ねたことがあったが、父はそれが何を意味するのか、自分がどんな歩き方をしているのか、理解することはできなかった。

父は早めに行ってブースを開く準備をしなければならないと言った。私は時差ぼけのため、ベッドから起き出すことがとてもつらかった。だが、父はいつも通り明け方から真面目に起きてあれこれそろえて、長い長い一日を始める準備をしていた。

「デフネイション・エキスポ・アンド・カンファレンス」は、アメリカのデフネイション(DeafNation)という団体が主催するイベントで、アメリカ全域を回りながら一定の周期で開かれている、ろう者交流の場だ。その中で一番大きなイベントが、二年に一度夏に開かれる「デフネイション・ワールド・エキスポ」で、二〇一二年七月、アメリカ・ラスベガスで開かれる今回のイベントには、世界のろう者四万人が参加する予定だと言う。父はここに参加するために航空運賃も一生懸命稼いだが、毎晩のようにアメリカに住んでいるろう者の友人とビデオ通話をすることも忘れなかった。

父の友人の手語名は*、「長い髪＋女」だった**。

アメリカに住むことになった事情を聞くと、烏山《オサン》の米軍基地付近の食堂で働いていたのだが、米軍の男性が何度もデートに誘ってきたのだそうだ。その軍人は言葉を話す人だったのだが、「私は息子も娘もいるし、言葉も通じないので無理」だと何度も断ったにもかかわらず、ずっと訪ねてきたという。その後「長い髪＋女」はその軍人と恋愛をスタートし、ついには息子と娘を連れて再婚し、アメリカに住むことになったのだそうだ。私は父に、その人の手語名はなぜ「長い髪」という単語と「女」という単語の組み合わせなのかと聞いた。すると、その人がいつも長い髪をしていたから自然とそういう名前がついたのだと言った。

「長い髪＋女」は、韓国を離れてかなり経つので韓国手語***をずいぶん忘れてしまったと言った。私が両親に習ったのはもっぱら韓国手語だったので、父と「長い髪＋女」がビデオ通話をしていると、時々その会話の内容が理解できないこともあった。

＊【手語名】ろう社会では、韓国語でつけられた名前の他に、その人の特徴などからつけられた手語の名前を使うことも多い

＊＊手語は、単語を表現する手話と、「ㅑ」などの子音と母音（ハングル文字は子音と母音を示す記号の組み合わせで構成されている）を示す指文字に分けられ、人の名前をひとつひとつ指文字で表示すると言語の経済性に合わないため、別途その人の特徴を取り上げて手語名をつける。例えば、母は子どもの頃に口の上に大きいほくろがあったので「口の上にほくろ＋女」が手語名だったし、父はしょっちゅうあごの下を触るくせがあるため、「あごの下を触る動作＋男」が手語名だ

＊＊＊手語は国ごとに固有の体系と文法を持っている。手語は言語である。人類が初めて出現した時からろう者は存在していたのだ。人々は集落、地域、国家ごとに互いに意思疎通できる言語を作り、それらが最終的に「韓国手語」「アメリカ手語」「日本手語」と呼ばれる各国の手語になったのである。全世界のろう者が互いに交流するために作られた国際手語（International Sign）もある

「あの人が今言ったこと、どういう意味?」

父は自分もアメリカ手語はわからないが、脈絡から意味を類推しているのだそうだ。手語は顔の表情が意味の半分以上を表しているため、話者の表情と脈絡からどんな話をしているのか推測することが可能だった。また、手語を使う人たちは、各単語がどんな方法で三次元の空間で動くのか、それをどの方向にどう動かせば強調されたり、反対の意味になったりするのかを知っていた。だからたとえそれが他の国の手語であっても、単語の意味を汲み取ることは決して不可能ではないのだった。*

アメリカ手語がわからない私たちにとって、「長い髪+女」は重要な人だった。彼女が父のためにエキスポ参加申請書を代わりに作成し、イベントブースの申請もしてくれたのだった。父は「長い髪+女」とともにブースを準備した。普段から父は、外国に住むろう者の暮らしが気になっていた。その国のろう文化はどうなのか、そこの手語は韓国手語とどう違うのかについて知りたがっていた。特に全世界でろう文化が最も発達しているアメリカは、父が一番行ってみたい国のひとつだった。しかし、アメリカで観光だけして帰るのは、父の性分では物足りないことだった。どこに行ってもじっとしていることができない性格の父は、お金も稼いで観光もできる、それこそ一石二鳥なことを計画していたのだが、それが絵を描いて売ることだった。

父は米軍部隊の購買部で、革筆で花文字**を描いて売る仕事をしていたことがあり、アメリカでもそれを描いて売れば、航空運賃か滞在費でも稼げるのではないかという、期待に満ちた目をしていた。父の手は、言語を表現しながらも、シルクを裁断する手にもなり、段ボールをてきぱきと梱包する手にもなった。だから、父の夢と希望のようにアメリカ行きの段ボールとキャリーバッグがだんだんと増えていったのだった。

父はシルクで作った掛け軸数本と革製の花文字の道具、革の先につけていろいろな花文字を描き出す絵の具を机の上に載せた。人々が通りながら父の作品がよく見えるように、完成見本を掛けておくことも忘れなかった。クリストファーからジョン、マドンナ、そして、それをハ

＊実際、私がアメリカ手語はとても難しいと言うと、アメリカで手語を習いアメリカ手語と韓国手語を駆使するろう者は、私に「でも、韓国手語ができるなら、アメリカ手語もすぐ覚えられる。いきなりヒンディー語やスウェーデン語を習うなら時間がかかるけど、韓国手語を使える状態でアメリカ手語を覚えるなら、六ヶ月あれば意思疎通は可能だ」と言っていた

＊＊【花文字】革で作った筆に絵の具をつけて色とりどりの文字を絵のように描く伝統アート。革筆画ともいう

ングルで書いた「마돈나」（マドンナ）まで、数点の花文字が父の後ろに掛けられた。

隣で色とりどりの帽子やバッグを陳列していたろう者が、父が描いた絵を興味深げに見ていた。中南米から来たとおぼしき皮膚の色をした彼は、大股で近づいてきて手をあげると、ChristopherのCを指して手を動かした。この絵が何を意味するのか尋ねているようだった。しかし、「これは鳥の絵で、幸福を意味する文字絵」だと答えることは難しかった。

「何？　どういう意味か？　これは鳥なんだけど……」

父は「長い髪＋女」を呼んだ。

「通訳、通訳。お願い」

「長い髪＋女」はアメリカ手語で父の手語を通訳した。鳥、幸福、そんな簡単なことも表現できないなんて。父と私は意気消沈した。

午前十時ちょうどになると、静かだったブースの前に人々の足音が聞こえてきた。言葉が聞こえ話せる人たちが参加するイベントでは決まってアナウンスされる、「本日のイベントの開始をお知らせします」という類の騒々しい声は聞こえなかった。ただ人々の足音と、彼らが手を動かす時に当たる音だけだった。

私はカメラを手にして入り口に向かった。そこはイベント会場に入場しようとする人々でいっぱいだった。私は反射的に手で耳を塞いだが、すぐにそれは必要ないのだとわかった。アナウンスはない。むしろ耳より目を覆わなければならないぐらいだった。たくさんの人たちが互いに向かって手を動かしながら会話をしていた。まさにろう者の群衆だった。

その光景に一瞬で魅了された私は、急いでビデオカメラの電源を入れた。頭上にカメラを高く上げると、前にいたろう者が振り向いて私を見た。彼はレンズに向かって手を振った。きらめく拍手だった。

聴者は誰かを歓迎したり祝う時、拍手をして音を出すが、ろう者は別の方法で拍手をする。両腕を高く上げ手のひらをひらひらと左右に回転させて、視覚的な拍手の音を作り出すのだ。何人かのろう者が手を上げてきらめく拍手をすると、後ろにいた人たちも会話を止めて前を見た。自分の視野に違う動きを感知したのだ。*

彼らは両手を上げ、手のひらを動かした。すると、その後ろにいた人たちも両手をさっと上げ、きらめく拍手を始めた。ひとつのきらめく拍手がもうひとつのきらめく拍手を呼び、それがきらめく拍手の「音」となり、「喝采」となったのだった。何人かの人たちがカメラレンズ

＊ろう者たちは、聞こえないことにより、視覚をはじめとする他の感覚が発達、拡張している。特に視覚の分野で卓越した能力を示す

に向かってアメリカ手語で話しかけてきた。彼らはカメラを見ていたのだが、私はまるで彼らからものすごく歓迎されているような気持ちになった。私ももう片方の手のひらをひらひらと振った。

父はイベントの期間中、できる限りすべての種類の手語とボディーランゲージを駆使した。父もまた私と同じ立場だったのだ。私は外国のろう者が話しかけてくると、反射的にこう言った。

「韓国、飛行機、来る」

相手が驚いて目を丸くすると、隣にいる父を指さした。

「お父さん」

すると彼らは興味を示し、東洋から来た私たちにあれこれ尋ねるのだが、私にできることは、首を振り肩をすくめることだけだった。私が父の役に立ったのは、口話*を使うろう者が来た時と、聴者がろう者と一緒に来た時だけだった。

アメリカの幅広いろう文化

イベント会場は終始ごった返していた。父は革筆で描いた花文字を人々に見せるため、革筆に絵の具をつけ、文字を描いた。アメリカのろう者だけでなく、アジア、ヨーロッパから来たろう者にも出会うことができた。会場の一角では順番に講演などが行われていた。私は、愛国心に火が付いて太極旗（韓国の国旗）を掲げて商売をしている父を後にして、ブースの見物に出かけた。

会場は種々様々なブースでいっぱいだった。その中でも一番大きいのは、ろう者を対象とした情報通信機器メーカーのブースだった。韓国で手のひらほどのサイズのテレビ電話ばかりを見てきた私は、その大きさに圧倒されるばかりだった。画面自体が三十インチのモニターであるため、数人が立って手語をしても充分な大きさだ。その上、画像が遅くならない。普段のスピードで速く手語をしても、画面の転送スピードが速いため、動きが全く止まったりしなかった。

アメリカのろう者二、三人がモニターの前で家族にテレビ電話をかけ、手語で会話をしてい

＊口話はろう者のコミュニケーションの方法のひとつ。相手の言葉を、唇の形と顔の表情、会話の脈絡と雰囲気を通して理解する方法であり、相手と口話でコミュニケーションするためには、聞いて話す訓練を受けなければならない。しかし、音が聞こえないろう者が口話を習うということは、聴者が外国語を習うよりずっと難しい。聞こえないため、自分がどんな音を出しているのかわからないからだ。また、唇の形が似ている単語も多いため、口話を完全に習得することは難しい。ある人は、ろう者が口話を習うことは、地球人が宇宙語を習うようなものだとも言う

た。私は羨ましくて足を止めた。韓国では、友人たちとテレビ電話をするにはテレビ電話機器*を何台か持っていなければならなかった。テレビ電話機ごとにメーカーが違い、同じメーカーの機器同士でのみ通話が可能だったからだ。

例えば、A社で製造された電話機は同じメーカーで作った電話器とだけ通話ができ、B社はB社の製品とだけ電話ができるのだった。だから父と母はより多くの友人と電話をするために、白い電話機と黒い電話機を同時に使用した。しかし、インターネットの回線が一本だったため、毎回交互に差し替えなければならなかった。また、誰の家にA社の電話機があるのか、B社のがあるのか、などについて確認しておかなければならなかった。

反対側には教育関連のブースがあった。象形文字のような文字が見えた。私は「聴者」という意味のアメリカ手語をした。唇の前に人差し指を横に出し、前後にぐるぐる円を描くように回す動作だ。するとそのブースの人は、ちょっと待ってと言うと、そばにいたスタッフを呼んだ。

“May I help you?”（はい、なんでしょうか）

音声言語だ！　嬉しかった。外国語である英語と音声言語の饗宴の中で聞こえてきたのが、私が知っている単語だなんて。英語はそれほど得意な方ではなかったが、それでも全く知らないアメリカ手語よりはましだった。私は「両親がろう者で、韓国から来た。ろう文化についてとても関心があって、アメリカの中でろう教育はどう行われているのか興味がある」と言った。すると、その人は、「私たちのブースで紹介しているのは、ろう者の手語を二次元の中でどう具現化するかについてのものだ」と話し始めた。

「子どもの頃に手語をまず覚え、手語を第一言語としている人たちが、英語の文字言語で本を読むことは、手語通訳が付けられたビデオを見るよりずっと難しいことです。それは韓国でも同じだと思います。では、文字言語ではなく、手語を基にした絵文字を作ったらどうでしょう。それをどうやって表記することができるでしょうか。二次元の中で繰り広げられる手語の動きと顔の表情を、文字言語にすることについての研究を進めています」

その人はいくつかの絵文字を見せてくれた。文字の中に指の形を表示したものもあり、方向を表すものもあった。顔の表情を簡素化した絵もあった。おそらく文字と文字の組み合わせで、

＊【テレビ電話機器】現在はインターネット電話のビデオ通話サービスや、スマートフォン上でのSNSのビデオ通話機能を通じての通話が一般的になっている

ある単語を意味するのだろう。私はうなずいた。

アメリカでこの種の研究が多様に行われているということが驚きだった。韓国では「聴覚障害」と言えば、聞くことのできないつんぼ、話すことのできないかたわのような言葉だった。彼らの言語である手語は、聴覚が欠如した者たちが使う未開の言語のように扱われていた。しかしここではろう者を、別の感覚を備えた、もうひとつの文化の中で生きている人々だと認識している。また、彼らの言語である手語を「言語」と規定している。このような社会的認識が基本的に形成されているため、こういった研究も充分に可能なのではないかと思い、驚き、そして羨ましかった。

私はカメラを持ち、申し訳ないが、この話を韓国に知らせたいので、もう一度説明してくれないかと言うと、その人は微笑みながら“Sure!”（もちろん）と答えた。

ブースからブースを巡ることは思ったより簡単ではなかった。父が待っているのはわかっていたが、各ブースを訪れる度に驚くべき世界が広がっていて、途中で止めることができなかった。テーブルの上に小さい機械が載っているブースの前に座った。唇の前に人差し指を横にして当て、そのまま前方向に円を描いてぐるぐる回す（アメリカ手語で「聴者」）と、ブースの担当者は言葉を発し、自分も聴者だがアメリカ手語ができると言った。

「前の人が機械を使うのを見たんですが、私にも一度見せていただけませんか。これ、すごく気に入りました」

「これはこのように持ち運びができます。ろう者が役所に行って聴者に何かを尋ねるとか、手語通訳サービスがないところで急ぎの用ができた時に使うことができるんです。この機械を開くと、こういう小さい画面とキーボードでできた機械が二つあります。こうやって分離できるんです。この二つの機械は互いに連結されています。私がここでHelloと打つと、もう一方の機械の画面にHelloという文章が表示されるんです。では、私に送りたい文章を打って見てくださいますか」

“Nice to meet you!”（お会いできて嬉しいです）

私は一文字一文字、注意深く打った。常に手帳や紙、ペンをかばんに入れて歩かなければならないろう者にとって、非常に有用な機械だった。紙に文字を書いて会話するのが一番簡便な方法だが、それにはかなりの時間を要する。自分が文字を書き相手に見せる時間と、相手がそれを読みまた書く時間がかかる。しかし、この機械があれば、筆談と比べてかかる時間が半分に短縮されるわけだ。サイズも薄くて軽く、持ち歩きも楽そうだった。

“Wow. Incredible. I really envy you.”（わあ、すごい。羨ましいです）

映画のポスターがぎっしり貼ってあるブースもあった。デフ・フィルム（ろう者の映画）だけを作っている映画制作会社だという。どれほどたくさんのデフ・フィルムがあるのかと聞くと、担当者は前に置かれているDVDを指さした。アメリカは映画産業の規模も大きく、ろう者の数も多いため、デフ・フィルムの制作環境としては充分にやっていけるほどだそうだ。

「ろう者が主人公として登場し、ろう者と関連したエピソードで事件が起きます。そして、そのすべてをろう者が撮影し、制作しているんですよ」

ろう者コンテンツ市場が確固たる存在となっている国なのだ。私は口をぽかんと開けたままブースの前に並べられたDVDを見た。映画のポスターだけ見ても作品の出来が他に引けをとらないものであることがわかった。アメリカのインディペンデント映画の規模は韓国の商業映画のそれに匹敵するという話を思い出した。

「ろう者が聴者中心の社会で暮らしながら繰り広げられる、おもしろい出来事を素材にしていたり、ろう者の間で起こるエピソードをたくさん扱っています。何よりろう者が主人公であるため、劇中の人物に感情移入しやすいですし。字幕ですか？　強いて必要ではありません。字幕を見てまた主人公の顔を見て、また字幕を見て。そんなことをもうしなくてもいいのだというのが、デフ・フィルムの良いところです」

担当者は話し終えるやいなや、私に何を撮っているのかと聞いた。私は、両親を主人公にしたドキュメンタリーを企画中だと答えた。実際、ろう者が主人公として登場するドラマや映画を、私は一度も見たことがない。韓国メディアではろう者が出ても脇役程度で、ドラマに小道具のように登場したり、簡単に扱われるだけだった。テレビドラマには口話を使うろう者が出てきたりはするが、設定やストーリーはいつも似通っている。

第一に、劇中人物が不慮の事故で聴覚を失う。第二に、彼（または彼女）は聞くこともできず、話すこともできず、仕方なく口話を習う。第三に、彼はリハビリ治療を通して、相手の唇を読む方法で口話を訓練し社会生活に復帰する。しかし、唇を読み言葉を話すその話し方がまるで聴者のように自然で、彼は本当にろう者なのか疑わしいほどだ。第四に、主人公に「奇跡」が起こる。彼は聴力を取り戻し、再び聴者になる。

こんなありきたりな設定が、視聴者に、「聴覚障害がある人も、学習と訓練を通して口話を身に付ければ聴者のようにいくらでも、話し聞くことは難しくないのだ」という大そうな誤解を抱かせる。しかし、ドラマと現実は違う。いくら口話を懸命に訓練しても、聞こえない状態で唇を読むこと、自身がどんな発音で話しているのかわからない状態で正確な発音をすることは難しい。何より奇跡的に聴力を取り戻すなどということは、現実ではほぼ起こり得ない。それはまるで古代ギリシャの演劇で、神が宙に現れ、緊急で複雑な事件を一挙に解決してくれる舞台演出技法「デウス・エクス・マキナ」と似ている。

ろう者が主人公であるため、字幕なしに主人公の表情と手を追いながら劇の流れを理解するということは、私だけでなく、父や母にも明らかになじみのないことである。ろう者にその気があれば、映画俳優にもなれるし映画監督にもなれる社会だとは。何よりもこのようなデフ・フィルムを子どもの頃から見て育ったアメリカのろうの子どもたちは、大きくなって大学にも行けるし、監督や俳優になるという夢も自由に持てるのだと思うと、ただひたすらに羨ましかった。将来教師になりたいという夢を持っていた母が、耳が聞こえないという理由で大学に行けず、ミシン工場に就職するほかなかった韓国の現実とは、画然たる違いだった。

映画会社のブースの隣には数台のモニターが置かれたブースがあった。モニターにはかわいい漫画のキャラクターが動き回っていて、その横のモニターでは女性が一人アメリカ手語で何かを話していた。担当者は前に置かれた教材を指し、アメリカのろうの児童のためのコンテンツだと紹介してくれた。ろうの児童が幼い頃から自分たちの言語である手語を自然に習得できるよう、教材やDVDなどの教育コンテンツの事業をしているという。

「両親がろう者である場合、自然に会話を通して手語を覚えることができますよね。ところが、両親が聴者の場合は？　子どもたちはどこに行って手語を学べばいいのでしょうか。このコンテンツは、親と子が楽しくやさしく手語に接し学べるようお手伝いするものです」

彼はモニターがついている機械にDVDを挿入し、再生ボタンを押した。簡単だった。韓国でも充分に適用できるものだった。

いつだったか、父と母に手語を最初にどうやって習ったのかと聞いたことがある。聴者の家族に生まれた父と母は、誰も手語を教えてくれなかったため、言語無しに幼年期を過ごさなければならなかった。その後小学校に行く年齢になり、寄宿制のろう学校に入ったのだが、教室ではなく寄宿舎で先輩たちから彼らの言語を学ぶことになったのだという。韓国のろう教育は口話中心のため、学校の授業時間にも正式に手語を習ったことはなかったと母は言った。

父は欧米の人たちに囲まれて花文字を描いていた。私はブースに戻り、周りの人々に父の名刺を渡した。するとある夫婦が私たちのブースの前で足を止めた。見ると、女性が男性にぴったりとつかまっていた。男性は私たちのブースをじっと見て、手を動かした。女性は視線を別の方向に固定したまま、男性の手を触っていた。前を見ることができないようだった。

「私たちは韓国から来ました。こちらはうちの父です。絵を描きます」

私はたどたどしいアメリカ手語で説明した。すると彼は私を見て、それをまた彼の手で手語にした。女性は男性の手の動きを忙しく追った。触手語だった。耳が聞こえなく、目も見えないため、触覚を通して意思疎通を図る視聴覚障害者だった。

イ・スンジュン監督のドキュメンタリー映画『カタツムリの星』（二〇一二年）の主人公もまた視聴覚障害を持っているのだが、主人公たちは映画の中で触手語ではなく指点字を使ってコミュニケーションする。指点字は、視覚障害者が使う点字を、指から相手の指に伝える方法だ。相手が手のひらを差し出すと、話者がその指の上に自分の指を乗せ、タイプを打つように点字を打つのだ。

ところが、私の前に立っている夫婦は、指を差し出してタイプを打つのではなく、手語をして、それを手で触っていた。男性は聴覚障害を持っており、女性は視聴覚障害を持っているため、言語を、「見る」方式ではなく「触る」方式で使っているのだった。

女性は刻々と動き続ける男性の指を手で探った。彼の腕が大きく動くと、彼女は彼の腕の上に自身の腕を置いて方向を感じ、三次元の空間を泳いだ。やがて腕が止まると、女性は彼の顔の筋肉の上に手を乗せた。

男性は私たちに向かって明るく微笑んだ。彼は自分の目の前に繰り広げられているすべての光景を、手と表情で表現した。彼の顔の筋肉がわずかに震える度に、女性の手はそれを逃さずすべて捉えた。女性は男性の体を通して世の中と出会っているのだった。

「お父さん、私、視聴覚障害者に初めて会った。それがすごく美しいの！　視聴覚障害者とろう者がお互いの体を通して会話をするって、驚きだし、だからこそ美しい」

私は手を動かし、父に言った。父は右の手のひらをまっすぐ立ててあごに当て二度とんとんと叩いた。

「ああ、そうだな」

2 ろう者の天国
ギャローデット大学に行く

アメリカ行きの飛行機に乗る前に、友人とともに『音のない人たちの声：聴覚障害者（ろう者）の暮らしと理解』という小冊子を作った。「手語の権利確保のための大田《テジョン》地域共同対策委員会」の要請を受けた上で、障害をもたない人々にろう者について知ってもらうために作った冊子だった。*

二〇一二年当時、大田広域市で二名のろうの児童が、特殊学校ではなく一般の学校に通っていた。大田には元明《ウォンミョン》学校という特殊学校があったが、二人の児童の両親は教育の質を考えて子どもたちを一般学校に入れようと考えた。ろうの児童が一般学校に通うためには、音声言語で行われる学校の授業を通訳してくれる手話通訳士が必要だった。しかし、手話通訳士を探すことは親たちにも学校側にとっても慣れないことであった。親が直接学校と教育庁に支援を要請し、要求しなければならず、それぞれの学校に手話通訳士を配置することもたやすいことではなかった。結局二人の児童の親たちは苦心の末、子どもたちを同じ学校に通わせることにした。

しかし、一人の子は大田市中区《チュングゲ》に住んでおり、もう一人は大田市東区《トングゲ》に住んでいた。その上二人は二歳も年の差があった。それで、一方の家族が東区《トングゲ》に引っ越した。年齢が二歳上の子は入学を一年遅らせ、もう一人は一年早く入学した。そうしてようやく二人の子どもたちは、一般学校で教育を受け始めることができたのだった。

ところが、途中で手話通訳士が個人的な事情で仕事を辞めることになったため、二人の親たちはまた苦労して新しい通訳士を見つけたのだが、それは資格を持った専門の手話通訳士ではなかった。

他に方法がなかった。その地域のフリーの手話通訳士は皆無だったし、仮にいたとしても、

＊二〇一三年八月、新政治民主連合（現与党の「共に民主党」）イ・サンミン議員が代表発議した「韓国手話言語基本法」をはじめとし、全部で四件の発議がなされた。「手話言語及びろう教育確保のための合同対策委員会」を中心に国会で論議され、中心となる内容は、手話言語を韓国語と同等の資格を有する公用語として認定し、一般教科課程でも正式科目として採択し、誰もが学べるようにする、というものだ。また、言語として、手話言語についての体系的な研究と教育のための公式研究機関を設立しなければならないという内容も盛り込まれている

教育庁が支給する特殊補助人材の給与*では到底やっていけない仕事だった。手話通訳士がきちんと通訳できないと、子どもも自然と授業での集中力が落ちた。子どもたちは授業内容についていくのが大変で、結局通訳士を替えてくれるように要請するに至った。

それで子どもの親は、専門の手話通訳の人材を教育庁と学校側に要請したが、教育庁は特殊補助人材に支給される給与で雇える手話通訳士を見つけるか、大田《テジョン》地域にある特殊学校に転校するように言うばかりだった。そこで作られたのが、手語権利確保のための大田地域共同対策委員会だった。子どもたちの要求は、彼らの第一言語である「手語」で教育を受けられるようにしてほしいということだった。

現在韓国では、障害者を対象にした特殊学校に進学したとしても、手語で行われる授業を受けることはできない。特殊教師の資格は手話通訳士の資格がなくても取ることができるからだ**。特殊学校がそんな状況なのだから一般学校の状況は如何ばかりか。音声言語中心で成り立っている学校教育は、手語を使うろう者に音声言語の「言葉」を学ぶことを強要する。この問題を解決するためには、手語が公式言語であることを認定し、ろう者がろう者の言語で教育を受けられる権利を確保しなければならない。それで手語を言語として認定してほしいという動きが大田地域で起こったのだ。

使用する言語が違うという理由で、自分が通いたい学校を選択できないということ、将来の希望ひとつ思い通りに述べることができないということは、どういうことだ。聞こえないからという理由で、子どものうちから科学者を夢見ることもできず、大統領はもちろん、宇宙飛行士にもなれないということを知るということは、どういうことだろう。非障害者と違う言語を使うという理由だけで、あらゆる状況で制約を受けるということ、夢さえも思うように見られないということは、どういうことであろうか。

その事情を知った時から私はろう教育に関心を持つようになり、この子どもたちが手語で堂々と教育を受けられるようにするには、どんな手続きを踏まなければならないのかを考える

＊当時子どもたちと学校で一日中授業を聞きながらそれを手語に通訳して、もらえる手当ては一日四万三千九百六十ウォン（当時のレートで約三千百円）だったという。ひと月に九十万ウォン（約六万四千円）にもならない給与だ

＊＊聴覚障害者が授業を受けている特殊学校の教師五百四十八名のうち、手話通訳士の資格を持っている教師は二十一名で、三・八％に過ぎない（国家人権委員会、二〇〇五年）。これはソウル地域も同様で、聴覚障害者特殊学校四校の教師百五十六名のうち、手話通訳士の資格を持っている教師は八名、わずか五％に過ぎないのが実情だ（ソウル特別市教育庁、二〇一〇年）

ようになった。まさにその時、一冊の本に出会った。

首都ワシントンDCにあるギャローデット大学は、約一世紀半の歴史をもつろう者のための大学・大学院だ。アメリカのろう者の高等教育を担い、また手話とろう者の研究に多くの実績がある。一九八八年には学生の授業ボイコットで、手話の話せない聴者学長の解任とろう者学長の選任に成功するなど、ろう者の権利運動と文化発信の一大拠点として世界的に知られている。（中略）ギャローデット大学の学内で暮らしている限り、英語を余り話さない。ろう者も聴者もみなアメリカ手話で話すからだ。それはプライベートなおしゃべりに限らない。講義室でも事務室でも、図書館、寄宿舎、カフェテリア、売店…。電話以外のほとんどの業務が手話で行われている。学内警備員も清掃労働者もスクールバスの運転手も、およそ人間が交わす会話のあらかたがアメリカ手話である。

（中略）また、この大学にはろう者独特の建築文化がある。たとえば、図書館やカフェテリアなどの建物には吹き抜けの構造が多く、一階と二階とでお互いを見渡せるようにできている。カフェテリアの一階でコーヒーを飲んでいるとき、二階に友だちを見つけたら、手を振って話を始め、そのまま一階と二階の間でずっと手話でしゃべっているのである。これぞ視覚的言語に適した建築文化。「ギャローデット大学はろう者の国」という言い方を見ることがあるが、これは大げさなたとえではない。ろう者が言語的・文化的マジョリティとして支配している空間が、現実にある。

（秋山なみ・亀井伸孝『手話でいこう』ミネルヴァ書房、二〇〇四年。韓国ではサミン刊、二〇〇九年）

この夢のような学校が存在するため、アメリカは「ろう者の天国」と呼ばれ、その文化の中心にあるギャローデット大学を「ろう者の国」と表現しているのだ。私は父とともにアメリカ東部、ろう者の国に向かった。

ろう者の天国、ギャローデット大学

「長い髪＋女」おばさんは、私たちをギャローデット大学のあるワシントンD.C.まで連れて行ってくれた。父はアメリカに来る前まで、「長い髪＋女」だけでなく、ファン・チャンホという知り合いの牧師ともずっと連絡をとっていたのだが、その理由はワシントンD.C.へ行くスケジュールを組むためだった。ファン牧師はあごが出ている見かけから「あご＋男」という手語名で呼ばれていた。彼の助けで足を踏み入れたギャローデット大学は、広くて静かだった。

「え？　ここが大学のキャンパス？」

私は無意識に唇を動かして言った。夏休みの大学キャンパスは閑散としているものだが、ここはあまりに静かだった。

「あご＋男」牧師は私たちを大学本部事務室に案内した。そこには見慣れた顔があった。EBS*で放映された番組『トレランス』の「手話は言語だ」編に出演していたチョン・フンさんだった。チョンさんは私たちと目が合うとすぐ、右手で左腕を上から下にこすった後、胸の前で両拳を水平に握って下に傾けた。

「こんにちは」。韓国手語だった。父と私は嬉しくなって頭を大きく下げた。「あご＋男」牧師が私たちを紹介すると、チョンさんは仕事の手を止め立ち上がった。学校の案内をしてくれるという。父はチョンさんに、どうしてアメリカに来たのかと、とても気になるという表情で尋ねた。

「もともと絵を描いていたんです。高校を卒業して美大を二校受けたんですが落ちました。面接に手語通訳がいなかったんですよ。その後何をしようかと考えていたんですが、まずお金を稼がなければならなくて、友人たちと一緒に工場にも通い、スーパーで働いたりもしました。

そのうちの一ヶ所が京畿道安城市《キョンギドアンソン》でした。ボラさんとサングクさん（父）が住んでいる安城《アンソン》です。ある日、アメリカに行けばろう者も勉強することができるという話を聞いて、最終的にお金を貯めてアメリカに来ました。ギャローデット大学のろう学科に入学して、アルバイトをしながら学校に通ったんです。卒業後に学校本部からデザイン関連の仕事をしてみないかと誘われて、今ご覧の通り学校のホームページのデザインや広報用のパンフレットを作る仕事をしています」

わかってみると、チョンさんは父と母の知り合いの知り合いという間柄だった。韓国のろうのコミュニティはとても狭く、一日あれば全国のすべてのろう者に噂が伝わるというぐらいだから、やはりそんなものだ。

チョンさんは私たちを入学課に連れていった。学校の歴史が一目でわかりやすくまとめられていた。

「ギャローデット大学は百五十年の伝統を持つ、世界唯一のろう者大学です。ろう者の母を持ったエドワード・マイナー・ギャローデットが『コロンビア聾唖盲教育施設』の校長に任命されました。その施設が一八六四年に国会で承認され、今のギャローデット大学になったんで

＊【EBS】韓国教育放送公社。韓国の公営教育専門放送局

す」

チョンさんは、韓国から訪問客が来ると、韓国手語ができる人が他にいないため毎回ガイドを担当するほかないのだと言いながら、慣れた様子で学校の歴史を語った。

「その歴史の中で最も有名なのがＤＰＮ（Deaf President Now）運動です。一九八八年三月の出来事です。ご存じのように、ここはろう者のための世界唯一の大学ですが、開校して百二十四年経つまで、ろう者が学長になったことがありませんでした。学生たちは新しい学長選挙にろう者の候補を要求したのですが、学校本部側がろう者についての理解が足りない候補を立ててきたのです。すると学生たちが、自分たちの話を聞いてくれない学校側に抗議をして、学校を閉鎖し、キャンパスにバリケードを張ったんです。それがまさにＤＰＮ――一九八八です」

彼は、この場所がろう者の総合大学であるのに、ろう者を「面倒をみる対象」として見る聴者の態度に不満がつのった結果だと付け加えた。その後ギャローデット大学には初めてのろう者の学長が就任し、今でもろう者の立場を一番よく理解できるろう者が学長を務めているのだと言う。

私は、韓国で頻繁に起こっているろう教育の問題を思い浮かべた。韓国では手語で授業を受けるために、今でも彼らの権利を自らが要求しなければならない状況だと話すと、チョンさんは、ここではろう学校に行こうと一般学校に行こうと、すべての授業が手語で行われていると語った。

「授業が音声言語で行われる一般学校の場合、専門の手語通訳人材を要請すれば、すべての授業時間に通訳がつけられます。それはろう者の、とても基本的な権利ですよ」

父は口をぽかんと開けたままうなずいた。

私たちは入学課を出て、学生会館に向かった。中に入ると、建物全体に入ってくる陽の光が私を迎えてくれた。学生会館の入り口にはエキスポで見たテレビ電話のブースがあった。一般の電話ブースのように衝立で仕切られており、広い椅子と大きいスクリーンのあるブースがいくつかあった。

父は自分の額を右手でポンと叩いた。

「無料？」

チョンさんはうなずき、右手の中指を口に当ててから前に出し、中指と親指の先をくっつけて輪を作った。

「もちろんです」

何歩か進むと視野がパッと開け、ホールが現れた。ホールの真ん中には階段があるのだが、階段を下りながら地下一階と地上一階、二階までを一度に見渡せる。地下一階には学生食堂と郵便局をはじめとした各種サービス施設があった。学生と思しき数人の人たちが、階段と地下一階とで手を動かして会話をしていた。

「ギャローデット大学はこのように階と関係なく、一階でも二階でもお互いを見ながら会話をすることができます。遠くにいるからと声を張り上げる必要は全くありません。建物の内部をパッと開けた空間にしてあるんです。壁を無くしてね。中と外がお互いに見えるようにガラスの壁とガラス窓を使って、どうしても角《かど》を作らなければならない場合は、丸いコーナーにしてあります。角張ったコーナーと閉ざされた空間は、ろう者を不安にさせるんです」

驚いたのは、建物の内部が与える心地よさだった。こちらを見渡せば、ガラスの壁の向こうで本を読んでいる人が見え、首を巡らせあちらを見渡せば、階段を上って来る人が見えた。このすべてを可能にしているのが空間の明るさだった。学生会館の建物は、全体的に自然採光ができるようになっており、視覚を利用しコミュニケーションをとるろう者にとっては重要な要素だった。

構内の書店と売店では、学校のマークが入った記念品と参考書籍を買うことができた。父は、ギャローデット大学のマークがプリントされた藍色のティーシャツを買うと言った。私は記念品コーナーの横の書店コーナーに向かった。大学出版部から出版されている、ろう関連の書籍がぎっしり並んでいた。片隅には学生たちが読んで置いていった中古の書籍もあった。

書籍はアメリカ手語（ＡＳＬ）だけでなく、アメリカの「ろう」の歴史、文化、芸術、教育など、細かい分野に分けられていた。韓国では絶対見つけることのできない資料だった。韓国で小冊子を作るために、ろう者に関連した本を探したことがあるのだが、どれも「韓国手語を学ぼう」といった類の本ばかりだった。ろう社会を文化的な観点からアプローチした時、こんなにもさまざまな研究が可能だということを、まざまざと見せられた光景だった。私が本をひとつひとつ手にとって見ながらどんな本を買おうかと悩んでいると、「あご＋男」牧師は、図書館に行けばもっとたくさんの本があるからそこに行ってみなさいと、私を立ち上がらせた。

ボタンさえ押せば車いす二台は楽に通れるほど広く開かれた自動ドアを通って、学生会館を出た。ここには聴覚の障害だけでなく、肢体の障害を重複して持っている学生たちもいるため、すべての建物に自動ドアシステムが必須で備わっているのだという。本当にひとつひとつ驚くことだらけだった。

ろう建築と「ろう」関連専攻の聖地

チョンさんは図書館に入るとすぐ、私たちを事務室に案内した。そこで会ったのは韓国のろう者だった。この図書館で資料を担当しているハン・スンホンです、と彼は自己紹介をした。ハンさんは、韓国手語を長いこと使っておらずほとんどできないので理解してほしいと言った。

彼は手を動かす度に舌で口蓋（口の中の天井部分）をタン、タンと鳴らすのだが、その音が不思議なリズム感を作り出していた。

聴者たちが個人個人の話し方や固有の動きを持っているように、ろう者にも個人個人特有の話し方や動きがある。例えば、父は息づかいがかなり荒い方だし、母の場合は驚くほど声を出さずに手語を話す。子どもの頃、聴者の家族や聴者の大人たちから「変な声」を出すなと教育されたと言う。母はそれでもやはり無意識で声を出したりするのだが、それは楽しくなったり興奮した時だった。

「全世界にあるろう関連の本は、すべてここにあると言っていいでしょう。ギャローデット大学の資料も継続的に所蔵されていますし。ボラさんもご両親が登場する本を一冊書いたそうですね。後でこちらに送ってください」

父が、娘が出した本があると自慢すると、ハンさんはこの図書館にコーダ関連の資料もたくさんあると言った。さすが「ろう」の天国であり聖地だ。私たちは図書館の建物を出て、ある建物の前に立った。

「この道は平地ではありますが、少しずつ傾斜があるでしょ。ろう者が会話する時は、お互い横を向いて相手の手語を見ながら歩くため、周りの変化を感知できないことが多いんです。聞こえないため、どのくらい歩いたのか距離を認知することも大変ですし。

それでキャンパス内の道は、ろう者が空間や距離の変化を感知できるように、若干の傾斜が加えられているんです。この建物は最近建てられたものですが、このセンターを建てる前、デザイン設計の段階からろう者が一緒に関わっていたそうです」

寄付者の名前をフルネームでつけて「ジェームス・リー・ソレンソン ランゲージ・アンド・コミュニケーションセンター」（The James Lee Sorenson Language and Communication Center）と呼ばれるこの建物は、外部の仕上げが総ガラス張りになっていた。それ故、建物の内部にいる人と外部にいる人が、何の制約もなく手語で会話できるというのがメリットだった。

ギャローデット大学ランゲージ・アンド・コミュニケーションセンターの夜景。中と外を互いに見ることができるよう、建物がガラスの壁とガラス窓で造られている。

入り口を入ると、学生会館で見たような、大きなホール構造の内部風景が私たちを迎えた。ロビーに居ても、一階や二階すべての人といくらでも会話することができる。ホールの脇には大きなエレベーターがあるのだが、外からも内部が全部見えた。

「ろう者はエレベーターに乗ると恐怖を感じま

す。何も見えない閉ざされた空間だからです。聞こえないため、どうしても視覚により依存することになります。万一エレベーターが止まったとしたらどうなるでしょう。だからこのエレベーターはガラスで造られているんです。この建物全体がガラスでできているのと同じ理由です」

私は透明なエレベーターに乗ってみた。不思議な感じだった。四方がガラスでできていて、息苦しさが感じられなかった。ろう者がエレベーターに乗ったらどんな感じなのか、ろう者が既存の建築方式についてどのように感じているのか、一度も考えたことがなかった私にとっては、ろう者に配慮したこの建物の存在はものすごいカルチャーショックだった。この建物には、聞いて話すことと言語の間の科学を研究する研究所もあり、子どもたちが来て言語治療を受ける場所もあった。

チョンさんは研究所のドアを開け、手を振った。

「ギャローデット大学数学科を卒業した、チェ・ソンファです」

中から出てきた女性はつたない韓国手語で自己紹介した。彼女は、アメリカに来てかなり経つので韓国手語はずいぶん忘れたと恥ずかしそうに笑った。今はこのセンターで働きながら言語が脳に及ぼす影響について研究しているそうだ。彼女が韓国から来た父と私の目を見ながらアメリカ手語で話すと、隣にいたチョンさんがそれを韓国手語に通訳してくれた。私たちは、チョンさんとチェさんの手の動きを経てようやく、「ああ、そうなんだ」とうなずくことができた。

「私はここで、子どもが生まれて初めて学ぶ言語が脳の発達にどのくらい影響を及ぼすのかについて研究しています。韓国では子どもがろう者として生まれたら、言葉の話し方を教えようとしますよね。もちろん両親が手語を使うろう者の場合には、自然と両親が子どもに手語を教えることになりますが。ところが両親が聴者で、子どもに手語を教えずに言葉（音声言語）を教える場合、子どもは彼らの言葉（手語）を学ぶ時期を逃してしまいます。子どもが幼い頃に手の細かい筋肉を動かしながら言語を学習することと、その時期をそのまま逃してしまうことには、ものすごい差があるんです。自分が一番よく学べる言語を学習した後に、その言語を下地として他の言語を学習していくことが、最も理想的なんです」

チェさんはちょくちょく後ろを振り返った。チョンさんは話を聞きながら、途中途中でチェさんが必要とする単語を韓国手語で教えた。

「こういう話や聴覚障害についてのさまざまな研究が、韓国にも知られたらいいですね。韓国はこの分野については研究がまだ足りない状態なんです。認識もそうですし」

父と私は何の言葉もなくうなずいた。そして父は、この人たちが韓国に戻って研究実績を共有し、ともにろう文化を発展させなければならないと言った。しかし、韓国にかなり長いこと帰っていない彼らは、そうしたくても韓国では職を探すこと自体が難しいと肩をすくめた。

私たちは一緒にセンター内部にある講義室を見て回った。ある講義室では、学生たちが輪になって集まり座っていた。チェさんは、ここのすべての講義は手語で行われるため、顔と手がよく見えることが最も重要だと話した。それに合わせて講義室の前には大きいモニターが設置されており、遠くからでも互いの手語を見ることができるようになっていた。廊下にあるモニターには学生たちが制作したものと思われる短編映画が流れていた。

「ここは総合大学なので、専攻がいろいろあります。映画科もあり、私が出た数学科もあり、チョンさんが卒業したろう学科もあります。他の大学と同じ専攻のように見えますが、少しずつ違いがあります。ろう者たちが映画科で映画を勉強して制作するなら、自然とろう映画を勉強して制作しますよね。それは言語学も同じです。各専攻がろうの学生たちと出会って、また別の性格を持った専攻を作り出すのだと言えますね」

私たちは廊下を通り、コーナーが丸くカーブになっている研究室にやってきた。

「ここは現在修士・博士課程にいる人たちが研究中の研究室なんです。あ、こんにちは」

「こんにちは」彼は口と手を同時に動かして言った。忠州聖心学校《チュンジュソンシム》（忠清北道《チュンチョンブクド》忠州市にある、ろう者のための私立特殊学校）に教師として勤務していて、現在ここでろう教育専攻の博士課程にいるファン・ユンジェ先生だった。チョンさんが私たちを指し、親子で、娘は聞こえるコーダだと説明した。ファン先生と私は聞こえるけれども、手を動かし名乗り合った。ふと気づくと、「あご＋男」牧師とチョンさん、私と父、チェさん、そしてファン先生がひとつのグループになって、研究室の廊下いっぱいに広がって、声なしに話を続けていた。

ファン先生は私がコーダに関心を持っていると言うと、ここの教授陣の中にコーダで、ろう文化について研究している教授もいると言い、その教授の資料を送ってあげようと言ってくれた。父と私は、果てしなく繰り広げられるろう文化についてのさまざまな研究と談議に聞き入り、まるで夢でも見ているような表情で彼らを見つめ続けた。

父は何度も、ここに住みたいとばかり言い続けた。口の端に人差し指を当て、よだれを流すように指を下ろす動作は「羨ましい」という意味の手語なのだが、父は何度も口の端に人差し指を当てた。私もそんな父を見て、もし母がここで生まれていたとしたら、教師になりたいという夢をすぐに叶えただろうと思った。

私たちが廊下で話をしていると、研究室にいたろう者の教授たちが嬉しそうに挨拶をしてくれた。ろう者も堂々と大学生になり、修士課程、博士課程に行ける世界。教授になり、聴者とろう者を同時に教えることができる世界。そんなユートピアが目の前に広がっていた。

父と母の立場を経験する

父と私は、ワシントンD.C.の美術館や博物館を見て回るスケジュールを予め立てていた。しかし、ギャローデット大学という、ろう文化の無限の宝庫を発見するや、日程を調整してでもそこにもう一度寄ろうと決めた。ここに居る間、すでに多くの人たちに通訳とガイドをお願いしたいへん面倒を掛けているため、今日は地下鉄に乗って父と二人でギャローデット大学を回ってみることにした。

私は父に、図書館とキャンパス内の書店に行ってどんな本があるのか見てみたいと言った。父は、「ほしい本があったら買ってやるから、お前が好きなように回れ」と言い、自由にしろという余裕ある表情をして見せた。私が、ろう学科に関心を持ち、ろう文化を勉強することになったら、具体的にどんなことを研究できるのか知りたいと言うと、父はアメリカ留学についても相談してみろと背中を押してくれた。

私たちは昨日見て回ったキャンパスを慣れた足取りで歩き回った。図書館は一週間あっても見足りないほどの資料でいっぱいだった。私は席を取って座り、本を広げた。しかし、この大量の資料をいつ見て回れるのかという思いで、気になる本のタイトルを手帳に書き写すのに忙しかった。

書店は図書館より本が少なく、本はずいぶん選びやすかった。私はそこで『Hand of My Father』という本を手に取った。前書きを読んでみると、ろう者の父を持つ聴者の作家の自伝的エッセイだった。『Hollywood Speaks』も選んだ。「ろう」と映画産業に関する本だった。「ろう」を「文化」の一領域として捉え、それについての研究を進めていくこと自体がたいへんな驚きだった。私は新しい惑星にたった今足を踏み入れた人のように、あちこち周りを見回して、どこに足を踏み出すべきか悩んだ。

「お父さん、コーヒー飲もう」

私は父の肩をとんとんと叩いた。鼻に人差し指を当て、二度叩いた後、親指を立て、私の肩の後方を指した。「コーヒー＋行こう（飲もう）」という意味だ。父は写真が載っている本をじっと見ていた。

「お父さん、ここに勉強しに来たら本当にいいな。お父さんとお母さんもここで生まれてたら勉強をずっとできたでしょうね」

「うん。移民して来たい。障害者差別もないし。道でみんながじろじろ見ない」

「そうそう。手語で話しながら歩いても、周りの人たちがじろじろ見ないよね」

アメリカに来て一番不思議だったのが、まさにこのことだった。誰も私たちをじろじろ見たりしないということ。韓国では道を歩きながら手を動かすと、行き交う人たちがあけすけにじろじろと見たり、見ないふりをしながらも見ていたりする。思春期の頃、それが一番嫌だった。だから、父や母と一緒に道を歩く時はポケットに手をつっこんで歩いた。母が私の肩を叩いて話しかけても、首だけちょっと左右に振って、嫌だという顔をしたものだった。しかし、ここは違った。ここがギャローデット大学の周辺だからというわけではない。アメリカに着いて初めて足を踏み入れたラスベガスからフィラデルフィア、ボルティモア、ワシントンD.C.に至るまで、父と私は、誰も私たちのことを気にしないその状況に感嘆を覚えた。

私は鼻を二度とんとん叩きながらコーヒーショップを探した。学生食堂の方にカフェテリアがあった。そこはランチを食べるために集まった人たちでいっぱいだった。いや、絶え間なく動く手でいっぱいだった。食堂の隅の方から入ってくる学生に向かって大きな動作で話している人から、円になって座って、互いの目を見ながら手を動かしている人たちまで、皆唇の代わりに手で話をしていた。食堂は人でいっぱいだったが、騒々しくない。普段から音に敏感な私には、安心を感じさせる空間だった。

私がカウンターの前に立つと、学生が私に向かって手を動かした。注文は何にするかという意味らしかった。あ、コーヒー……。私は「コーヒー」と言いたかったが、彼が使う言語と私が使う言語が違うのだということに気づき、うろたえた。

「お父さん、コーヒーどこで飲めるのかってＡＳＬ（アメリカ手語）でどうやるの？」

父は両方の手のひらを上に向けて肩をすくめた。カウンターの学生は私を見て、もう一度同じ動作をして尋ねた。私は知っているＡＳＬを総動員した。

「私、韓国から来ました。私は話せる聴者。こっちの父はろう者です」

学生は肩をすくめた。

「私、ＡＳＬ、わからない。私、聴者、あなた、言葉は？」

私は眉を最大限上に上げ、文章にクエスチョンマークをつけた。しかし、彼は依然としてわからないという表情だった。私はもしかして近くに聞こえる人がいるだろうかと、ＡＳＬで言った文章を口でもう一度言い直した。

“Sorry, I want to drink a cup of coffee. Do you know where I should go?”

すると、彼の表情に面倒くささといらつきが現れた。彼の後方に私たちを見ている数人のろう者が見えた。私が口を動かしたので、見ているようだった。ここでは口話を使わないことが暗黙のルールだと言う。ろう者が集まる空間であるため、すべての会話は手語で行われなければならず、やむを得ない事情で電話を受けたりかけたりする時は、ろう者がいない空間でしなければならないそうだ。それは聴者から差別を受けながら暮らしてきたろう者が、ここギャローデット大学という場所で作った法則のようなものだった。

私は単純にASLができないので、他の言語ができるかと聞いただけなのだが、もしかしたらそれが彼らを不愉快にさせたのではないかと思い、申し訳ない気持ちになった。父と私がカウンターの前でじっと立っていると、食堂内のたくさんの人たちが私たちを見つめていた。急に恥ずかしくなった。私は父の腕を入り口の方に引っ張った。人差し指をこめかみに当て「なぜ?」と聞く父に、右手を顔の下に向けて払った。「いいから、行こう」。私は顔を真っ赤にしたまま食堂を出た。父は何ともないように見えたが、私は自分に降り注ぐ視線を何度も思い出した。まるで「お前はなぜASLができないんだ。私たちは皆ASLで話しているんだ」とでも言われているようだった。父と母がどこに行っても、世間の人々からそうやってじろじろと見られてきたようにだ。私は生まれて初めて、父母の気持ちを経験することができたのだった。

父と母、そして私の世界

夜はここに住んでいる韓国のろう者たちと食事をした。仕事を終えて来た「あご＋男」牧師とチェさん、チョンさん夫婦、そして他の数名のろう者が一緒だった。父は世の中で韓国の食べ物が一番おいしいと言い、テンジャン(味噌)・チゲを注文した。私はまだご飯よりパンやステーキをおいしく食べることができたが、父は韓国料理を食べたがった。注文した後、楽しく手語で会話をした。ＡＳＬと韓国手語ができるろう者の在米韓国人たちは、私たちのために韓国手語で話した。一日中話をする相手が私だけだった父は、その間の鬱憤をはらすかのように顔の筋肉と手を動かした。

「すいません、水ください」

私は声を出して言った。韓国人が経営する韓国料理店なので、韓国音声言語が使える絶好のチャンスだったが、私はそうせず、それ以上は口の言葉は使わなかった。そうしなくても充分だったからだ。

私がこの世に生まれて初めて習った言語であり、父や母の言語。口を開いて何を感じているか一言一言説明しなくても、互いの目さえ見ればわかる人たち。どの位置で指を動かすかによって、それがどんな感情を表現するのか、眉の筋肉を上げたら私の表情がどう変わって、それがどういうことを意味するのかがわかる人たち。

私は両親の言語で彼らと話をした。口で説明しなくても、彼らは私がコーダだということを知っていた。韓国社会で、口で話す人と手で話す人の間を行き来しながら過ごしてきたことが、どれほど大変だったか、あえて言わなくてもよかった。両親の世界であり、私の世界であるその場所で、安定感と安堵感を同時に抱いた。私は私であり、それ以上でも以下でもなかった。

3 ドキュメンタリー制作に突入する

海外旅行の良い点は、初対面の人との目を見ての挨拶が気まずくないことだ。両親から目を見て会話することを自然に習った私は、相手の目をじっと見ることを気まずいと感じない。中学三年の頃先生に叱られた時、言っていることをもっときちんと聞くために先生の目をまっすぐ見つめていたら、「なんで先生が話しているのに目を睨むんだ」と余計に叱られた。その時まで、他の人たちもお互いに目を合わせることに慣れているのだと思っていた。

アメリカの道を歩く時には、その道の独特の匂いと表情を逃したくなく、目を大きく開き、息を深く吸い込んだ。そして見知らぬ人と目が合ったら、その人も私も互いに向かって相好を崩し、笑顔で応じた。顔と手を使う話法を学んだ私には、難しいことではなかった。ところが、韓国に戻ってみると、人々は目を合わせただけで冷たい表情をした。

アメリカに行ってきた後、私はまるで未知の大陸を発見した人のように浮かれていた。しかし韓国は前と何も変わらなかった。私が世界唯一のろう者の総合大学に行ってきたと言うと、人々はまるで韓国にあるリハビリセンターかまたは福祉施設に行ってきた程度に、私の話を捉えていた。私は彼らに、子どもの頃から異なると思ってきた父や母の世界が、実際本当に異なる文化なのだと言いたかったが、それを伝えるためには、私の子どもの頃についてまず説明しなければならなかった。その上で、アメリカで会ったろう文化についてもひとつひとつ説明していかなければならなかった。

しかし、そういった長い話を思慮深く聞いてくれる人は多くなかった。私はそれを映像作業によって見せて語らなければと考えた。私がろうの夫婦から生まれ、最初に手語を習い、後から保育園に行ってようやく言葉を習ったという事実を。そして、ろう社会と聴社会を行き来しながら育つことになる子たちを「コーダ」と呼ぶのだということを。実際にアメリカでは、コーダに関する多くの研究がなされており、コーダが経験しなければならないアイデンティティの混乱について社会的に認知されているのだということを。この一連の話を人々に伝えたいと思った。それで、私のアイデンティティを探す過程を短いドキュメンタリーで描くことにした。

短編、そして長編ドキュメンタリーの始まり

国家公認手話通訳士の資格試験のうち、二次試験である手話通訳実技試験を受けて出てきた私に、映画のアシスタント・ディレクターのチュンヨンが聞いてきた。

「ボラさん、どの試験が一番易しかったですか」

「スピーカーから流れる文章を筆記で書く筆記通訳試験、手語の映像を見て音声に通訳する音声通訳試験、音声を聞いて手語に通訳する手語通訳試験。全部で三つなんだけど、音声を聞いて手語に通訳するのが一番易しかったですね」

「そうですか？　僕は英語を韓国語に通訳するより、韓国語を英語に通訳する方がちょっと難しいんですけど。ボラさんはその反対みたいですね」

子どもの頃ニュージーランドに留学していたチュンヨンは、英語を使うことには慣れていたが、英語を韓国語に訳す方がより易しいと言った。私はその反対だった。子どもの頃は手語を上手に使っていたが、成長して家より学校や塾で過ごす時間が多くなったため、言葉を話す人たちと音声言語を使って話す方が楽だった。チュンヨンの言う通り、私は聴者だから手語を音声言語に通訳する方がより慣れているはずだが、実際は反対だった。音声言語は私にとって母

語ではないからだ。私は耳を通して聞こえる言葉を、私の母語、手語に訳す通訳で高い点数を取った。

ちょうど学校のワークショップ授業で一学期間、短編ドキュメンタリーを制作することになった。私は自分の話で作ろうと思った。見た目は他の人と何ら違いはないが、ワークショップを通して短編ドキュメンタリー映画を作ってみたら、何か違う点を発見できるだろうと思ったのだった。

ナレーション：母は私たちが住んでいた富川《プチョン》（ソウル近郊の都市）の家に行こうと言った。両親が最初に新婚生活を始め、私が生まれた家は、今もまだそこにあった。

（ボラと母、手語で）

ボラ：子どもの頃私は何歳で手語を覚えたの？

母　：二歳かな。八ヶ月の頃本を読んであげて、お母さんが手で話しながら手語も教えて。一歳になる前、八〜十ヶ月ぐらい。一歳になったら手語がちょっとできたよ。話しかけたら返事をして。ちゃんとできるようになったのは十八ヶ月ぐらいかな。他の子と比べたらお前の方が手語が上手だった。

ボラ：手語、どうやって教えたの？　例えば木とか、どうやって？

母　：あっち見て、木だ。手語で木。そうやって教えたよ。私はお母さん、お父さんはお父さん。これ、あれ。虎。本の絵は、虎はこうやって（虎が歩く動作をして）歩く。そうやって手語で見せながら、それをまねて。お前は上手だったよ。

母と一緒に訪ねた富川《プチョン》で、母はその頃を思い出しているようだった。当時うちは半地下で、母が市場に行って買い物をしていると、私は家でたびたび眠っていたそうだ。そうすると、ドアを開けてくれる人がいないので、母は裏に回って窓から「ボーアー（ボラ）！」と、私が目を覚ますまで叫んだという。すると隣と上の階に住んでいる人たちが何ごとかとびっくりして駆け出してきて、「ボラが今寝ていて、ドアを開けられない」と母が手に文字を書いて伝えると、近所の住民がみんなして私を起こそうと、一緒に私の名前を呼んだのだと母は言った。彼らがこの子も聞こえないのではないかと舌打ちをしたという話も、母は欠かさなかった。

「みんなは、私たちがろう者なのでお前をちゃんと育てられないんじゃないかと心配してたよ。でも私たちはお前が聞こえなくても関係ないし、聞こえたら聞こえたでそれもいいと思ってた。聞こえなくても私たちと一生手語で会話できるし、音が聞こえれば通訳ができるから」

そこにはたくさんの物語が隠されていた。聞けば聞くほど興味津々なことばかりだった。私は自分のアイデンティティを見つけるため、父と母に向けてカメラを回した。フレームの中の両親は、二人が初めて出会った時に浮かべたかもしれない表情で互いを見つめ、新婚生活の頃を振り返ったかと思うと、私を育てるのにどれほど苦労したか、当時の状況を昨日のことのように描写し、ふうっと一息ついた。

まさにその時、ろう者と映像媒体が出会った時の長所がはっきりと現れた。三十分あまりの短編映像を試写した日、多くの人たちが、ろう者がこんなにも明るくいられるのかと言い、カルチャーショックだと評した。ある人はろう者の方が聴者よりも幸せそうだと言った。両親からもっとたくさん話を聞きたいという評もあった。私は掘れば掘るほどどんどん出てくる話に夢中になった。そうして長編ドキュメンタリー『きらめく拍手の音』が始まった。

三章

手で愛をささやく

1 口の代わりに手で愛をささやく

毎日のように運動場を走り、陸上大会に出てはメダルをさらった少女がいた。活発な性格の少女にはいつも友だちがいっぱいいて、そのエキゾチックな顔立ちで多くの男性たちの心をときめかせていた。しかし少女にも寂しい頃があった。

◆母ギョンヒの話

忠清南道錦山郡《チュンチョンナムドクムサン》の山あいの町で一九六五年一月二十七日に生まれたの。九人兄弟の末っ子だった。三歳の時大田市《テジョン》に引っ越したんだけど、小学校に入学する前の記憶がひとつあるわ。ある日お母さんと意思疎通ができなくていらいらしていたの。それで庭に転がって土を口に入れて泣いたわ。お母さんは何もせずただじっとしてた。またある日、お母さんに叱られて家出したんだけど、夕方まで外にずっと座っていて、また家に戻った時も、お母さんは何も言わなかった。

少女の両親と兄弟は、少女を理解できなかった。「二歳の時熱病にかかって耳が聞こえなくなるまで、ギョンヒは近所では頭の良い子で知られていた」と、少女の母は振り返った。少女は小学校に上がる前まで、誰とも深い会話ができなかった。「言葉」を話せなかったからだ。音が聞こえず言葉を話せない少女に、兄たちが我も我もと寄ってきては言葉を教えようとした。しかし、相手の唇を読んでそれを正確な発音で「話す」ことは、自分がどう発音しているのか聞くことができない少女にとってあまりに過酷なことだった。少女はいらいらして、しばしば土を食べた。

◆母ギョンヒの話

下のお兄さんが私に言葉を教えていたんだけど、それがとても難しくてつらくてすごく泣いたの。もどかしかったよ。家族たちはお互いに話して笑っているのに、私一人だけ笑えないんだもの。昔はテレビに字幕がなかったでしょ。だから毎日ぼおっと見ているだけ。聴者たちは楽しく笑っているのに、私だけぼんやりと見ていて。みんなが口を動かして会話しているんなら、私だって聴者になりたいって思った。ある時お母さんが私にお金を渡して、焼酎《ソジュ》を買ってくるように言ったので、走っていって焼酎を買ってきたんだけど、

焼酎《ソジュ》じゃなくて素麺《クッス》だよと、お母さんが指で書いたの。私はまた焼酎を持っていって、素麺に取り替えてきたわ。ソジュ、クッス。口の形が同じでしょ。

少女は他の子たちより少し遅れて小学校に入った。十歳の時だった。寄宿舎がある特殊学校で、そこは唇を動かす代わりに手で話をする人たちでいっぱいだった。少女はぽかんとして彼らを見た。その中の一人が少女に近寄ってきて手を動かした。少女はそれが何を意味するのか正確にはわからなかったが、不思議なことに親近感をおぼえた。少女はそこで初めて「手語」というものを学んだ。彼らは少女の口の上にあるほくろを見て、「口の上のほくろ＋女」という手語名をつけてくれた。ㄱ、ㄴ、ㄷ、ㄹというハングル文字。少女はそこで初めて言語に接した。少女は名前を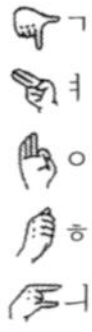

경희《ギョンヒ》という。

ギョンヒは手で話す人になった。学校には彼女と同じく唇の代わりに手で話す人たちが多かった。ギョンヒは生まれて初めて誰かに自分の内に秘めた心を打ち明けることができた。とても大きな解放感だった。ギョンヒはそこで初めて夢を持った。それは自分と同じような子どもたちに教える、ろう者の教師になることだった。

◆母ギョンヒの話

学校に入学した時寄宿舎で暮らし始めたの。他の子たちはお母さんが家に帰っちゃうって泣いてたけど、私は泣かなかった。先輩たちがとてもかわいがってくれたのよ。でも顔が外国人みたいだったから、お前は外国の子なのになんで韓国にいるんだ、さっさと自分の国に帰れって言われたりもしたわ。寄宿舎のご飯がおいしくなくて、寄宿舎生活が嫌だったから、お母さんに「私、家から学校に通いたい。学校はすごく大変。学校の寄宿舎で暮らしていると、朝起きるなりレンガとかを運ぶ労働をしなければならない」と言ったの。当時は家が貧しかったから、お母さんは苦労してたわ。じゃあ通学するバス代だけでももらえないかって言ったの。でもそのお金もなくて、行きは一時間ぐらい歩いて行って、帰りはバスに乗ったの。家に帰るとお母さんは仕事にでかけていていなかったので、私が代わりにかまどの焚き口に火を入れたわ。お姉さんたちはもうお嫁に行っていたし、お兄さんたちはみんな男で、私だけ女だったから、家でも働かなくちゃならなかったのよ。時々それがとても悲しくて泣いたっけ。

学校の新しい建物を建てるために資材を運ばなければならなかったのは、ギョンヒだけではなかった。同じ学校に通っていた少年、サングクもまた同じように登校するやいなやワラビのような小さい手でレンガを運んだ。

◆父サングクの話

朝早く学校に着くとすぐ友だちみんなとレンガを運んだよ。朝から昼まで。昼ご飯を食べて授業を受けた。そして家に帰る前までまた木材なんかを運んだんだ。でも俺は途中から通学だったから、それでもましな方だったよ。お前の母さんは寄宿舎にいたから、もっと朝早くから働いてたんだから。知ってる先輩の一人は、朝学校に行って家に帰るまで一日中レンガばかり運んでたそうだ。授業はひとつもなく。勉強を教わることはひとつもなく。

少年は学校でけっこう有名だった。もともと貧血がひどくて、しょっちゅう具合が悪くなったからだ。少年は一九六一年五月二十日、忠清北道《チュンチョンブクド》沃川《オクチョン》郡で二男二女の二番目、長男として生まれた。しかし他の地方で職業軍人をしていた少年の父は、少年のことをあまり気に入っていなかった。長男であるが、聞こえない子だったからだ。少年は二歳の時、苦い薬を飲んで、あるいは牛に蹴られてろう者になったと言っていたが、少年の母親の記憶は少し違っていた。

◆祖母チョン・イムスンの話

お前の父さんが二歳のとき、伯母さんの家にあった三輪車に乗って外に出たんだけど、後ろで大きな車がパーンというクラクションを鳴らしたから、びっくりしてどぶ川に落ちたの。ところがこの子の様子がちょっと変だったの。それで鍼をうってもらったんだったかしら。それしかしなかった。それでも良くならないから列車に乗って姉さんと一緒に大田《テジョン》に向かったんだけど、このおばさんおかしい、子どもがそんなに熱にうなされているのにどこに連れていくんだって、みんなが言ってたよ。

少年は自分がどうやって聴力を失ったのか、よく知らなかった。両親とそのことについてきちんと話したことがなかったからだ。ただ幼い頃に、みんなが塞がった耳を開けてくれると言うから全身に鍼をうったこと、母が自分を寺に連れていき仏に祈りを捧げたことを覚えているだけだった。

◆父サングクの話

小学校三年の時お寺に行って三日間祈願をしたんだけど、お坊さんがこう言ったんだよ。生姜を濃く煎じて、砂糖を入れずに飲めって。だけどそれが本当に苦いんだ。だから母がこっそり砂糖を混ぜてくれた。そうやってひと月飲んだら耳が聞こえるようになると言うから、一生懸命飲んでお経も覚えてやったんだけど、ひとつも効かなかった。詐欺だ。

◆母ギョンヒの話

お姉さんが耳垢を全部取ったら聞こえるようになるって、耳掃除をするんだけど、それがとても痛くて。やめて、怖いからやめてって言ったんだけど、お姉さんはずっとやるの。本当よ。

少女もまた自分の頭いっぱいに刺さった鍼の施術を覚えていた。こうさえすれば、ああさえすれば聞こえるようになると、みんなが声高に言った。しかし、肝心の少年と少女は、状況がどうなっているのか、自分がどうやって聴力を失ったのか、正確に知ることができなかった。だから少年と少女ができることと言えば、周囲の顔色をうかがいながら適当に見当をつけることしかなかった。

少年も少女と同じく、学校に入ってすぐ「言語」というものに初めて出会った。学校の授業ではなく、寄宿舎でだった。授業は手語ではなく、相手の唇を読んで状況を推量する「口話」中心で行われた。大部分の先生は、「三かける四は十二」と唇を動かしながら、それらを説明する。少年は先生の唇を読み取ることができず、授業中にこっくりこっくりと居眠りを繰り返した。

少年は学校に先に通っていた先輩たちとの出会いで手語に接した。学校と社会ではそれを非公式の言語だと規定していたが、彼らにとって手語は、細かく内に秘められた感情、さらに奥の抽象的な概念まで説明することができる、完全な言語だった。

◆母ギョンヒの話

中学二年まで、手語ができない特殊教師たちが来てた。だから私たちが手語を教えてあげたの。もちろん意思の疎通はうまくできなかった。中学三年の時の先生は本当にいい人で優しい人だったんだけど、手語はできなかった。私たちが手語を少しずつ教えて、先生は勉強するにはしたんだけど、それでもうまくできなくて、私たちは授業の内容についていくのが難しかったの。理解できなくて大変だったわ。先生も私たちもみんながとても苦労したの。ストレスを受けて。

◆父サングクの話

中学の時国語の成績は良かったんだけど、数学の成績は良くなかった。髪の長い先生だったんだけど、数学を口で教えたんだ。理解ができなかった。美術や科学が嫌いで、国語や体育だけ一生懸命やったよ。勉強は普通。ただ通ってた。

少年は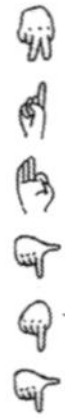

상국《サングク》という。サングクとギョンヒをはじめとする学生たちは、口話で授業を進める先生に手語を教えることにした。全く聞き取れない音声言語を一年間ずっとただぼんやりと見ているより、先生が少しでも手語ができる方がはるかにいいと判断したためだ。しかし、学生たちが一生懸命手語を教えても、すでに成人である先生が新しい言語を習得するには長い時間が必要だった。そして、先生が簡単な手語で下手なりにも授業を行えるようになると、必ずと言っていいほど転勤していった。それからまた新しい先生が来た。手語が全くできない先生だった。

学生たちは、学校と先生に何かを期待すること自体が無理だと思った。むしろ諦める方がましかもしれなかった。学生たちは机に突っ伏し始めた。これはギョンヒもサングクも同じだった。その上サングクは体も弱かった。慢性貧血のため欠席日数が多く、必要な授業日数を満たすことができず、卒業することが難しい状況だった。

息子を寄宿舎に入れたのが心苦しくて、大田《テジョン》に行ったの。すると靴がすっかりすり減っていたんだよ。胸がつぶれる思いだった。すぐに靴を買いに行こうと手に文字を書いたんだけど、サングクが靴はいいから、お腹がすいたからご飯を食べさせてと言うんだよ。かばんを見ると中に芽の出たさつまいもが入ってた。子どもたちはお腹をすかせて裏山に登って、じゃがいもやさつまいもを掘って食べていたんだよ。

学校と寄宿舎で出される食事はあまりにおいしくなかった。サングクは病院と学校を行き来しながら病気の治療をした。そんなサングクにも好きなことがあった。サッカーをすることと写真を撮ることだった。サッカーと写真には共通点がひとつあった。聞こえなくてもできるということだ。そうしてサングクは小学校と中学校を大田元明《ウォンミョン》学校で、高校は国立ソウル聾学校（当時のソンヒ学校）で過ごした。ギョンヒもまた小学・中学過程を大田元明学校で学んだが、高校に進学しようとすると家族の反対に遭った。

◆母ギョンヒの話

中学校を卒業したらお母さんが私に仕事を探せと言ったの。でも私は高校に進学したかった。高校に行かせてと訴えたんだけど、お母さんは「お金がない。中学卒業だけど、お前は十七歳なんだからお金を稼いで嫁に行け」と言った。私は頑として聞かずに、お母さんに言い続けたの。「私は高校、ソウルに行きたい。ここは卒業しても認可を受けた学校じゃないから大学に行けない。私は大学を卒業して先生になるんだから、ソウルに、高校に行かせて」と、布団をかぶって一日中泣いたわ。それで目がぱんぱんに腫れた。お母さんはお兄さんたちを呼んで話し合った。あの子を学校に行かせるにはどうしたらいいかって。そしたら上のお兄さんが責任持ってソウルに連れていくって言ったの。それで高校の入学試験を受けて合格したのよ。

運動神経が優れていたギョンヒは、障害者全国体育大会に出てはいつもメダルを獲った。それは学校の成績も同じだった。一位は獲れなかったが、二位か三位だった。ギョンヒは早く大学に進学して、学校の先生になりたかった。しかし、みんなはギョンヒにこう言った。障害者は先生になれないと。

◆母ギョンヒの話

私はその時高校を卒業して大学に行きたいと言ったんだけど、お兄さんたちがお金がないって言ったの。だからその言葉を聞いた時とっても失望したわ。夢が先生なのに……。

大学を諦めて卒業後にはミシンの仕事をした。ソウルにある工場に就職して働いたの。一年ぐらい働いた後に、もう一度ミシン学校に通って、大田《テジョン》でミシンの仕事をした。合わせて二年ぐらいミシンの仕事をしたと思う。

サッカー選手になりたかったサングクは、ろう者国際蹴球大会でゴールキーパーとして活躍し、優勝した。しかし、それでは生計は立てられなかったため、サングクはボールの代わりに木をいじり、鉋がけをした。実際サングクは手仕事に天賦の才があった。全国障害者技能工大会で何度も賞をさらったのだった。

二十二歳のギョンヒはソウルに留まり、ミシン工場に通っており、二十六歳のサングクは家具会社に就職し仕事をしていた。同じ学校を卒業したが、七学年の差があり、互いをよく知らなかった二人は、ソウルのとあるろう教会で出会うことになる。

◆父サングクの話

秋の感謝祭だったかな。そこでお前の母さんが顔に髭を描いた演劇の主人公をやっていたんだ。それを見ていいなと思った。好きかもって思った。

サングクはギョンヒを見るなりひと目惚れした。学校の周りで見かけた十代後半のギョンヒと、二十二歳のギョンヒは画然たる違いがあった。サングクはその日からギョンヒの後を追い回し始めた。後にギョンヒが言うには、その時期にギョンヒを追いかけていた数名の男性がいたが、不細工さではサングクが断然一番だったそうだ。二十代のサングクは背も高くすらっとしていたが、顔はにきびだらけだったため、その真価がわかる人はそれほど多くはなかった。それでもサングクはギョンヒの関心を引くために、昼夜問わず彼女をエスコートした。教会から彼女の家に着くまでの路地から路地の間、自分の切ない気持ちを顔の表情と身振りにたっぷりと込めた。しかし、ギョンヒはサングクなど眼中になかった。ギョンヒはサングクを拒み続けた。

◆母ギョンヒの話

数十年前だからあまり覚えていないけど、お前のお父さんにもらった手紙をよく読みもせずに捨ててたと思う。同じ手紙がずっと来たのよ。捨ててもまた来て、お花もずっともらってはごみ箱に捨てるのを繰り返したわ。男の人たちがお花をあまりにたくさんくれるもんだから、ずっと捨ててた。

そんなある日、サングクが倒れた。恋煩いだと言う。サングクはしばらくの間寝込んだ。何も食べられず、叶わぬ恋に部屋の天井が切なさでいっぱいになった。

◆祖母チョン・イムスンの話

何を言っても聞きもせず、忘れられないと伏せっていたよ。

見るに見かねたサングクの母イムスンは、怒りが頭のてっぺんまで達した。

「お前がこんなに寝込んでいるのに顔も見せないなんて、どんな女なのよ」

イムスンはすぐにギョンヒの母ジュニルに電話をかけた。その二人の間には、すでに力関係が形成されていた。それは韓国社会で息子を持つ者と娘を持つ者の間に自然と生まれる、そういうものだった。イムスンは、ギョンヒがサングクに会いに来るべきだと言って電話を切った。ギョンヒは兄の筆談で、サングクが恋煩いで寝込んでいるという話を伝え聞いた。当時、聴者は少しずつ普及していた有線電話を通して情報をやりとりしていた。しかしろう者の場合は聞こえないので、言いたいことを伝えることすら思い通りにできなかった。ろう社会にポケベルが広く普及する前のことだった。

彼が具合が悪いという話を聞いたからだろうか。ギョンヒはサングクのことを思うことが多くなった。ギョンヒは勤めていた仕事を辞めて故郷に戻った。二人は近所ではなかったが、同じ都市の出身だった。ギョンヒは遠慮がちにサングクの家の門を叩いた。サングクはその日のうちに寝床からぱっと起き上がった。

◆祖母チョン・イムスンの話

全州《チョンジュ》の看護大を出た子がサングクが入院した時担当看護師だったのよ。サングクが人当たりがいいじゃない？　だから好きだって。十日の間に輸血を五パックして、脊髄に穴をあけて検査をした。そして退院して数ヶ月間は毎月検査をしてた。そしたら看護師が家まで訪ねてきたのよ。サングクが忘れられないって。だからお前のおじいさんが欲を出して、「旅行に行かせよう。二人を旅行に行かせよう」って。だけどサングクが、「言葉を話す人と暮らしたら不幸になる」って、そう言ったんだとよ。

そうして二人は、恋に落ちた。

2 聞こえない世界の中に生まれる

一九八九年三月二十六日、サングクとギョンヒは忠南《チュンナム》結婚式場で結婚式を挙げた。結婚式の前日には、他の皆がそうするようにハムもおこなった。スルメで作ったお面をつけたサングクの友人たちがギョンヒの家の前にハムを売りに来て、「千ウォンぐらいじゃ行かないよ」とNOというように手を振った。サングクとギョンヒはこれを見て腹を抱えて大笑いした。手語がわからないギョンヒの兄たちは、ハムを売りに来た人たちに身振り手振りで会話を試みた。「こっちに来い、だめだ、二千ウォン？　行かない」。この程度の簡単な会話は、手語通訳がなくても充分に可能だった。口で話す人と手で話す人がハムを売り買いする風景は、珍しくもあり、同時になじみ深いものであった。

*【ハム】結納箱。婚礼の前に、花婿の家が贈り物と書状を入れた結納品の箱を、花婿の友人たちが花嫁になる女性の家に運び、心付けを要求する習慣がある

結婚式もまたそうだった。式場には口で話す人が行き来し、同時に手で話す人が三々五々集まり歩き回っていた。口で話す両家の親たちは親戚を迎え挨拶をしながら口を動かし、新婦ギョンヒと新郎サングクは友人たちと抱き合い、肩と腕を大いに動かした。口で話す人たちは式が始まるやいなや口を閉じた。手で話す人たちは式の途中でも互いに手で声をかけ会話をした。しかし、まったくうるさくはなかったので、誰もそれを制止することはしなかった。サングクの母は式の間じゅう涙を浮かべていた。

◆祖母チョン・イムスンの話

お前の父さんと母さんはもともと美男美女だから、ろう学校の先生たちも来て式を見て、自分たちももう一度結婚したいって。母さんはそんなに美人かい。みんなが顔がきれいだって褒めて。私はお前の父さんがついに結婚するんだと思うと泣けて泣けて。亡くなった晋《チン》州《ジュ》(慶尚南道《キョンサンナムド》の西部の市)の大伯父も、いつも啞《おし》だからと叱りつけて、勉強なんぞ教えるなと言ってたんだよ。ところがその大伯父も感動して泣いたんだと。お前の母さんが私になんで泣いたのかって聞くんだ。とても感激して泣いたんだと答えたよ。

祝辞を頼まれたのは口で話す人だった。ギョンヒとサングクのために二人の横に手話通訳士

が付けられた。

「誠実な夫と妻としての道を全うすることを誓いますか」

サングクは横目で通訳士の手と表情を見た。緊張のあまり、手を動かすことができなかった。親族の目上の人たち皆が注目しているため、手ではなく口を使わなければならないと思った。

サングクは口を開いた。

「アーメン」

サングクの発音は正確ではなかったが、隣に立つギョンヒにはサングクの気持ちが誰よりもよくわかっていた。結婚式の後、二人は釜山に向かう汽車に乗った。団体での新婚旅行を申し込んでいたのだ。似たような韓服（チマ・チョゴリ）を着た新婦たちと、スーツを着た新郎たちが汽車にぞろぞろと乗った。その中で二人だけがろう者だった。

二人は京畿道富川《キョンギドプチョン》のアパートに新居をかまえた。口の代わりに手で愛をささやくことは、表情と同様とてもストレートなことなので、二人はすぐに子どもを持つことになった。最初の子は三・一キログラム、二人目は四・一キログラムと、健康に生まれたが、当時二人が注目していたのは体重でも性別でもなく耳だった。

◆母ギョンヒの話

お前を妊娠した時、両方のおばあちゃんが心配したのよ。お父さんも私も二人ともろう者だから、もしかしたら初孫がろう者じゃないだろうかって。そういう中で産んだの。実際は、ひと月ふた月ぐらいしないと耳がちゃんと聞こえるか聞こえないか検査もできないでしょ。ところが生まれて間もない時から、おばあちゃんたちが「ボラ」ってずっと大声で呼んで。お前が二人の方に顔を向けるか見守ったの。するとお前がそっちを向いて反応したのよ。二人目を妊娠した時も同じ理由で心配したんだけど、二人とも聴者だったわ。

私は自分の娘が聴者だろうがろう者だろうが関係ない。ちゃんと生まれてちゃんと育ってくれればいいんだから。でも、大人たちは心配したわ。お前がもしろう者だったら少しがっかりしたかもしれない。だけど私たちも耳が聞こえないけど、問題なくちゃんと暮らしてきたじゃない？　お前がろう者だったら、生涯手語で自由に会話できるから幸せだし楽しかったでしょう。聴者だったら、手語通訳をして助けてくれるだろうからそれもいいし。

娘の名前はボラと付けることにした。後になってその子が、「私の名前はなぜボラなの？」と聞いた時、二人はなぜそう付けたのかきちんと覚えていないと言ってケラケラ笑った。しかしそれが、「ソリ」（声、音）ではなく「ボラ」（見ろ）であることは、二人の感覚と密接な関連があった。

皆の心配をよそに、子どもは健康に生まれた。サングクとギョンヒ、そしてボラの住む家は、アパートの半地下だった。ボラは昼も夜も元気に泣いた。サングクとギョンヒは昼夜問わずボラの泣き声を見守った。しかし、何も聞こえない真っ暗な夜が来ると、二人は子どもが死ぬかもしれないと思った。

◆母ギョンヒの話

私たちは音が聞こえないでしょ。生まれて二ヶ月経つまでが一番大変だった。二時間に一度お乳をあげなければならないんだけど、お前が泣くから私は寝られなくて目を開けて見ていて、眠るとまたお前が泣いて。その時お乳があまり出なくて、お前が飲むのに足りなかったみたい。結局全身に黄疸が出たの。それで病院に入院させて二、三日の間保育器にいたんだよ。すごく泣いたわ。その後はお乳が出ないので粉ミルクを飲ませたんだけど、その時からよく飲んで太ってくれた。

そんなある日、サングクとギョンヒは深い眠りに落ちた。お乳をあまり飲めず、お腹がすいたボラは大声で泣いた。大きい声で泣けばサングクとギョンヒの耳に届くかもしれないと思い、さらに大声で泣いたのかもしれない。しかし、半地下の暗闇はサングクとギョンヒの目を塞ぐには充分だった。ボラは手を振りながらさらに大きな声で泣いたが、体が少しずつ動くだけで両親の目には届かなかった。

◆父サングクの話

毎日補聴器をテープで耳に貼りつけて寝たんだよ。一度ミスで補聴器が外れて泣き声が聞こえなかった。ところがお前が泣きながら壁まで転がっていったんだよ。朝方四時にびっくりしてお前を捜し回ったよ。本当に全然聞こえないんだけど、補聴器をつけるとほんの少しだけ聞こえるんだ。仕事が終わると必ず補聴器をつけた。お前を育てるのは本当に大変だったよ。

人が住むところが常にそうであるように、アパートは毎日賑やかだったが、話題は当然のように半地下に住む赤ん坊だった。皆がボラの泣き声を毎日何度も聞いた。それは騒音と言えるほどの声だったが、周囲の住民たちはギョンヒとサングクを気の毒に思っていた。聞こえもしない若者たちが、それでも産むんだ、育てるんだと、苦労している姿に同情した。

見かねた隣のおばさんがアイデアを出した。お宅の地下ひと間の家の「耳」になるというのだ。おばさんはギョンヒの腕と自分の腕をひもでつないだ。そして夜になったら、そのひもを引く感覚を逃すなと紙に書いて繰り返し念を押した。

その日も決まったように漆黒の暗闇が訪れ、ボラは泣き始めた。ギョンヒとサングクの「耳」たることを自任する隣のおばさんは、ボラの泣き声を聞いてひもを強く引いた。しかし、深く寝入っていたギョンヒはそれに気づくことができず、ボラの泣き声は窓の外、アパートのあちこちに響き渡った。おばさんはさらに強く力を入れて何度かひもを引っ張った。そしてようやくギョンヒは、何かが自分を引っ張っていることに気づき目を覚ました。ボラはすぐ隣で泣いていた。ギョンヒはありがとうという意味でひもを引っ張り、おばさんに挨拶をし、ボラに乳をくわえさせた。赤ん坊は泣き止み、母のお乳を吸った。

ギョンヒは他のお母さんたちがそうするように、ボラにお乳を飲ませ、言葉を教えた。ボラは口で喃語（赤ちゃん言葉）を話す代わりに、手指の関節を曲げながら母親の手振りをまねた。子どもたちが口で喃語を話す時、ボラは手で喃語を話した。

◆母ギョンヒの話

赤ちゃんの頃からお前は手語が上手だった。八ヶ月経った頃から私はお前に本を読んでやったのよ。私が絵本を見ながら、これは「鼻、鼻。目、目」。私が「コ（鼻）」と発音すると、お前が鼻をこうやって指して、私が「ヌン（目）」と発音すると、お前が目を指でとんと指して、「クィ（耳）」と言うと耳を指す。上手だったわ。聞けば答えるし。一歳を過ぎると手語が本当にうまくなったの。最初に上手になったのは、言葉じゃなくて手語だった。だから他の人たちがお前は話をせずに手語を使う、ろう者じゃないかって疑っていたわ。

◆母ギョンヒの話

お前は初めは言葉を話さなかったの。ママ、パパって手語でだけ話して。お前が喃語を全く話さないから、おばあちゃんはお前は聞こえないんだと思ってすごくびっくりしたのよ。それで保育園に入れたら、話し始めたの。お前が言葉を覚えるのが、他の子と比べて遅かった。なぜかって、私たちが話さないから、お前も自然と話さなかったのよ。だからとても心配したわ。二歳の頃言葉を覚えさせようと保育園に入れたんだけど、話すことでは、お前が保育園で最下位。ところが、少し経つとすぐ上手になって。お前は話すことより手語を先に覚えたのよ。

皆の心配と関心を集めていたボラはすくすく成長し、両親の耳になった。ボラは台所でお湯が沸く音や、洗面台の水がぽたぽた落ちる音などを聞くと、ギョンヒにそれを知らせた。がくっと眠ってしまったサングクが、間違ってテレビのリモコンのボタンを押してボリュームを上げてしまい、近所から苦情が来るのは日常茶飯事だった。ボラが大きくなって言葉を覚えるようになると、サングクとギョンヒはもちろん、アパートの住民たちもそれを歓迎してくれた。

ボラの二歳下の弟グァンヒが生まれた。幸い先に生まれたボラが耳が聞こえるため、グァンヒはお乳をもらうために大声をあげて泣いたり、言葉を覚えるのが遅れたりすることはなかった。ボラがその声をまず聞いて母ギョンヒを起こしたし、ボラがグァンヒに毎日のように口で話しかけたからだ。

当時サングクは、家具会社の下請け会社でろう者の友人たちと仕事をしていた。同じ業界で働く聴者ほどの報酬はもらえなかったが、他の仕事に従事しているろう者と比べれば結構ゆとりのある収入だった。ギョンヒは生計のために別途仕事を探す必要がなかった。ギョンヒはアパートの周りで子どもたちと一日を過ごし、夕方になると食事の準備をしてサングクの帰りを待った。生活費は充分だった。子どもたちのための積み立て貯金もすることができた。

ギョンヒは誰よりも子どもたちを賢く育て上げたかった。障害があるのだから中学校さえ卒業すればいいのではという家族の意見にも負けず、最後まで意志を通し高校まで卒業した彼女であった。

ギョンヒは、子どもたちがしたいことがあれば何でもできるようにしてやりたいと何度も誓った。ギョンヒは料理をしていても いつも慌てて振り返った。ボラとグァンヒがちゃんと遊んでいるか、二つの目で確認しなければならなかったからだ。子どもたちの成長時期に合わせた推薦図書に接するようにすることなども、他の聴者の親と比べて引けを取らなかった。子どもたちはすくすくと成長した。しかし、まじめなギョンヒ、我が母にも、どうすることもできないことがひとつあった。ＩＭＦ経済危機だった。

◆父サングクの話

今までで一番思い出に残っている家は富川《プチョン》の家だな。新婚生活を始めたところでもあるし。あの頃の仕事はつらかったけど、お金も稼いだし幸せだった。毎日家具を作る仕事をしていたけど、ろう者の友人たちと一緒に働くこともできた。あそこで働いていた時周りに木の切れ端がたくさんあって、それを前で仕事をしている友だちの肩に投げるんだ。するとそいつが俺に、何だ？ って返事する。現場はいろんな機械の音でうるさかったんだろうな。でも俺たちは手語を使うから、うるさくてもどんな会話も自由にできたんだ。良

――い時代だったよ、ＩＭＦが来る前は。――

父と母は一睡もせず夜を明かした。私は四歳になったばかりで、弟グァンヒは二歳だった。何をどこからどうやって始めたらいいのか、見当さえつかなかった。かといって、ボラとグァンヒの面倒をみなければならないギョンヒが、またミシン工場に働きに出ることはどう考えても無理なことだった。その時父の頭に浮かんだのが、お菓子を焼くこと、ホットクなどの商売だった。

ホットクの商売は大変だが、収入がなかなか良かった。耳が聞こえなくても、お客の対応にはさほど問題がなかった。何といっても、たくさんのろう者たちがすでにその仕事をしていた。それはすなわち、創業するにあたっての情報をたやすく手に入れることができるということだった。父は商売を一度もしたことがなかったので、そういうことを全く知らなかった。場所代はどうやって支払うのか、型に流し込んであんこなどを入れて焼くプルパンはどのように作るのか、生地に入れる材料はどこでどうやって仕入れるのか、機械はどんなものを買えばいいのか……。

もし音が聞こえたなら、道ばたの屋台のおじさん、おばさんに根掘り葉掘り尋ねるのだろうが、聞こえない以上それを筆談で行うのは迷惑なことだった。たとえその聴者が親切に書いて説明してくれたとしても問題があった。その文章を完全に理解することができないからだ。だから父は、手語で情報を得る方を選んだ。

父は、すでに商売を始めて軌道に乗っている友だちから助言を得た。気候が寒くなってきていたため、急いで商売をする準備をしなければならなかった。ボラとグァンヒにだけはひもじい思いはさせまい。父は歯をくいしばりがんばった。

◆父サングクの話

家具職人の仕事はＩＭＦのせいで景気が悪化して、下請け会社から解雇されたんだ。ホットクの商売はお金を稼げるという噂があった。一日で三十万ウォン、四十万ウォン（当時のお金で換算すると約三万八千～五万円）稼ぐと言うからソウルで商売を始めたんだけど、うんと稼いだよ。それからワッフル、ポンテギ（蚕のさなぎを甘じょっぱく煮詰めたもの）、栗、ムール貝やカワニナ、とうもろこし。油を引いて焼いて売るもの。捨てるのがもったいないから、機械が家にこんなに山積みだったよ。母さんがいらいらする、売れ、捨てろって。あの時損はたくさんしたけど、いっぱい経験ができたよ。今はよくわかってるから問題ないさ。

◆母ギョンヒの話

お前のお父さん、性格が毒虫、殺しても死なない虫みたい。虫に塩をかけたら、うわってなって死ぬけど、お父さんはかけても生きてるの。

◆父サングクの話

江陵《カンヌン》（韓国東北部東海岸の都市）の端午の祭りの時、雨がどしゃぶりだった。みんな行かないって言ったんだけど、俺は母さんについて来いって言ったんだ。雨が降っていても、橋の下で二人で一生懸命プルパンを焼いて売ったよ。他の人たちは、がめつい、毒虫だって言ってた。一日に二十万ウォン（約二万五千円）稼いだ。あの頃は一日一日が大事だった。六日に一度休みだったから、それ以上休んだらもったいないだろ。時間がないから一生懸命働いたよ。

父と母は京畿道城南《キョンギドソンナム》（ソウル近郊の都市）に引っ越した。私と弟は家の近くの保育園に入れられた。私は父に似て他の子たちよりひときわ背が高く、弟グァンヒは生まれた時からぽっちゃりしていた。母は毎朝私と弟を保育園に連れていった。しかし、屋台の商売というものは一ヶ所でするものではなく、ましてや早く終わる仕事でもなかった。母は静かに私を呼んだ。

◆母ギョンヒの話

子どもの時は、私たちが仕事をしていたから、お前たちを連れていってやることができなくて、お前が弟の手を取って保育園に行ったの。夜は遅くなっても迎えに行ったけど、朝は難しかった。だからボラ、お前がグァンヒの手を引いて保育園にちゃんと行くように言ったの。でも、もしかして途中で事故に遭ったりしないか、誰かにさらわれないか心配だった。だからお前たちを送り出した後、そっとついて行ったのよ。ボラが弟の手を引いて水たまりを避けながら、保育園まで無事に行ったの。おりこうだった。後ろから見ていたけど、申し訳なくて涙が出たわ。

グァンヒの手は小さくてか細くて、ともすれば手からするっと抜けてしまうかもしれないと思った。私は母の、大きくて頼もしい手を握り歩いた路地の匂いや様子を思い出した。自分がしっかりと目を見開いていないといけない瞬間瞬間があった。私は音が与える情報を逃しやしないかと、車のクラクションなどに耳を傾け、グァンヒの手を強く握った。

保育園は父と母の世界とは少し違うところだった。私はそこで音声言語で友人たちと会話をし、先生の声を聞いた。夕方になると保育園の門に一人二人見慣れた顔が入ってきた。ジホ君のお母さん、スジンちゃんのお母さん、サンジュン君のお母さん。順番は少しずつ変わったが、うちが最後だということは、頭より体がもっとよくわかっていた。

「ボラちゃん、また明日ね！」

友だちは私より先に保育園を出ていった。それから日が沈んだ。私は急いでテレビに向かった。その時間は、やかんが出てきて、「トンデギリギリ、トンデギリギリ、トンデギリギリ、トンデ、トンデ、トンデクマン！」と呪文を叫ぶテレビアニメ『時間探険隊』*が放映される時間帯だった。母と父は、私と弟がそのアニメにすっかり夢中になっている時によく迎えに来るのだった。

「ボー、アー（ボラ）！」

弟は誰より母の声がわかっていた。グァンヒが「お母さん！」と叫びながら門まで走っていき、父や母の胸に抱かれると、払い落としきれずに両親に付いていた小麦粉が空中に舞った。父、母の匂いだった。私は鼻をこすりながらこう言った。

「先生、さようなら」

＊【『時間探検隊』】当時日本のアニメ『たいむとらぶるトンデケマン！』が韓国で放映されていた

3 手で話す

ホットク売り

「今度の夏休みはここで過ごすんだ。父さんと母さんは商売をして、お前たちは海で遊べばいい。いいな？」

父はターコイズグリーンのスタレックス（現代自動車製のワゴン車）のドアを開けて言った。車の中には家族が二ヶ月間暮らすための荷物がぎっしり積まれていた。そこは望祥《マンサン》海水浴場（東海岸にある海水浴場）だった。父と母は商店街のすぐ前にテントを張った。大きなアイスボックスが車からいくつも下ろされ、私たちも続いて下ろされた。私と弟は波の音を聞くやいなや歓声を上げた。テントは後！　私はまず先に浮き輪に空気を入れてくれと父にねだった。私と弟はいやというほど海で遊び、父と母はいやというほどホットクを焼いた。

ホットク売りとプルパン売り

それは私が八歳になった年の夏だった。泳げはしなかったが、両親がいるから死にはしないだろうと思った。父や母も私がいるから心強いと言った。私は弟の浮き輪を持って波に乗り、暑い昼間を過ごし、父と母は道の向こう側で生地を準備しながら汗を流した。日が沈むと、海水浴場とキャンプ場を行き来する通りが人々であふれた。母親の手を握った子どもから蛍光色のティーシャツを着た大人まで、皆が顔をつき出して見ては、買い、食べた。何だかわからない不思議なおもちゃ、アイスクリーム、飲み物、フローズンドリンク、イカ、鯛焼き、ワッフル、とうもろこしのバター焼き、爆竹が彼らの目を引いた。

父のメイン商品は、油を使わない中国伝統ホットクだった。父は昼間に準備しておいた不透明な容器をいくつか取り出し、商売をスタートした。ちょうど野外コンサートがある日には、客が多いだろうと青い大きなバケツに生地をいっぱいに用意した。父はバケツを開けて生地を少しちぎり取った。そして右側に置いた容器にスプーンを入れ、シナモンと砂糖が混ざった魔法の粉を一杯すくった。私は父に気づかれないようにそれを口に放り込んだりしたのだが、そんな時はいつも父が軍手をはめた手で私のおでこを軽く小突いた。

父は小麦粉の生地を私のこぶし大に丸めては、ホットクの中身の魔法の粉が出ないようによく押し込んだ。しっかりと整えられた小さな塊が順にまな板の上に並ぶと、それらを専用の道具ミルテで押しつぶす作業は瞬く間に行われた。それはホットクの表面のパリパリ感を左右する、だからこそ油を使わないホットクにおいては一番重要な過程だと言えた。

父は生地を薄く伸ばすこと、生地とミルテの間のピンとした緊張感を維持する技に抜きん出ていた。そうして平たく伸ばされた生地がホットクの型に入れられ、きれいな形に焼かれるためには、生地の大きさが型にぴったりと合わなければならないのだが、父はそれもまた上手にこなす熟練ホットク売りだった。パチパチ。ホットクが型の中で両面こんがり焼かれている間、父は客から注文を受け、おつりを渡し、また生地を作った。

左側にはホットク売りの父がいて、右側にはプルパン売りの母がいた。母はパラソルの上にひもを掛け、そこにブリキの絞り器のような容器をつるした。その容器にはゆるめに作った生地が出てくるようにホースがつながれているのだが、母はそれを下ろしたり掛けたりを繰り返しながら、生地を絞り出した。パチパチ、パチ。母が円い形のプルパンの型を開け生地を絞り出すと、父は隣でホットクの型を裏返しながら母の方を見ていた。

母はその上にあんこをのせ、再びホースで生地を絞り出してふたをした。母もまたプルパンが両面こんがり焼けるように、ガスの火を調節することを忘れなかった。父と母は互いを見ながら両側で菓子を焼いた。私はその間に座り小銭入れの番をした。私の前は、端にぶつかると方向を変える犬のおもちゃの場所だった。

「ホットクはひとつ五百ウォンでーす。この犬は、ちょっと待ってくださいね、五千ウォンだそうです。プルパンは今七個で千ウォンです。はい、おつりです」

私は父と母の間で、紙幣を受け取りおつりを渡した。客たちは私をまず見て、私は客の口から出る言葉を耳でまず聞いた。そしてそれを手の言葉に訳し、両側の商売人に伝えた。すると彼らは軍手をはめた白い手で、小麦粉を飛ばしながら文章を作り、眉を上げ軽い目くばせをした。

黒い海を背景に、ホットク売りとプルパン売りが両側で小麦粉の菓子を焼くこと、手で白い文章を作り出すことは、まさにひとつのパフォーマンスのようだった。もちろんその間には型を裏返す音と波の音があった。二人には聞こえなかっただろうが。

大田《テジョン》に引っ越す

父と母はしょっちゅう、そして長いこと家を空けた。苦労の末に購入したプルパンの機械は、いつの間にかホットクの機械になり、そしてイカのバター焼きの機械に変わった。いくつもの機械が父の車に積まれては下ろされを繰り返した。父は私たちを食べさせるためにはお金が必要で、そのお金を稼ぐためには食べ物をもっとたくさん売らなければならないと言った。父と母はプルパン、油を使わないホットク、菊の花模様のプルパン、鯛焼き、チョコバナナ、ワッフルなどのお菓子を作り続け、小麦粉にまみれた小銭がちゃりんちゃりんと貯金箱に貯まっていった。

昼間は父と母が道ばたで一生懸命お菓子を焼き、夜になると私と弟が濡れタオルを持って小銭を拭いた。私は小銭を拭きながらも辺りを密かに見回した。母が食事の支度をしたり洗濯をしていると、その目の届かないところでこっそり小銭をひとつかみ取ってポケットに入れた。ところが不思議なことに、母はそれを神業の如く気づいて叱った。しかし、私の辞書に真の反省という言葉はなかった。私はポケットがいっぱいに満たされるのが好きだった。だからポケットを膨らませるために小銭をしょっちゅう掠《かす》めた。掠めては叱られ、掠めては叱られてを繰り返した。

◆父サングクの話

考えてみたら約十年ぐらい商売をしたと思う。初めはろう者の先輩が紹介してくれて、江南《カンナム》（ソウル市内を流れる漢江《ハンガン》という川の南側の地区。富裕層が住むことで知られる）駅のルネッサンスホテルの前にあるホットクとプルパンの屋台を見たよ。商売が本当にうまくいっていて、そこで見て商売を習った。だけど、夏には客がいないだろ。だから海水浴場やお祭りに行けば商売ができると思って、江原道楊口《カンウォンドヤング》の旅館に泊まって仕事をしたんだ。その時が一九九七

〜一九九八年だったと思うけど、結局無理して交通事故に遭った。俺は病院に入院して、母さんが二ヶ月も一人で生地をこね、ホットクを焼いて売ったんだ。お前が七歳の頃。

父は引っ越しをしなければならないと言った。小銭をたくさん稼ぐには、人が多いところで商売をしなければならず、人が多ければ小銭もたくさん入ってくるだろうと。そのためには父と母は三日、あるいは一週間に一度しか家に帰れないから、私と弟の面倒をみてくれる人が必要だと言う。それで私たちは大田《テジョン》の父方の祖母の家に預けられた。大田の中里洞《チュンニドン》の祖母の家は二階建てで、祖父と祖母が一階に、私と弟、そして時々帰ってくる父と母が二階に住むことになると言われた。

父は全国の祭りという祭りをすべて知りたがった。毎日のように新聞を広げ「今月の祭り」欄をチェックした。新聞に丸をいくつも付け、「ボー、アー！」（ボラ）と私を呼んだ。私は父が気軽に呼ぶことができる、父おかかえの手話通訳士だった。しかし、もう小学校に入学し、それなりの社会生活を始めた私にも、好き嫌いがあった。その中でも私が最も嫌だったのは電話通訳だった。

「あのですね。うちの父がそちらのイベントで商売をしたいと言うのですが。話ができないので私が代わりにお電話をかけています。正確に何人ぐらい集まるのでしょうか。場所はどこですか」

この程度の電話は何ともなかった。単純に聞いて答えてもらえば済むことだからだ。難しいのは、引っ越しする家を探すことや、銀行に電話をかけて、我が家の借金がどのくらいあるのかを尋ねて通訳することだった。

『蚤の市』と大きく書かれた求人・不動産などの情報を扱う新聞に、父が黒のボールペンで丸をつけたところを読むこと、保証金一千、月二十という単語を理解すること、そして父の現在の財政状況や信用情報を聞き、銀行の借り入れが可能か否かを尋ねることは、八歳の私には非常に難解なことだった。その度に受話器を取る前に、父に家賃とは何で、敷金とは何か、チョンセとは何かを尋ねに尋ねた。父はすまないと思いながら、丁寧にその単語と概念を私に説明してくれたが、それを一度に理解するのはやさしいことではなかった。

◆弟グァンヒの話

難しかった。僕がよくわかりもしない内容について全然知らない人に電話をして、父さんが書いたメモを読みながら、「こう聞けと言うんですが、おわかりになりますか」って。ああだこうだ言われれば、「ああ、ええ、はい?」と三、四回ずつやりとりしながらメモして。

◆祖母チョン・イムスンの話

その頃ボラが小学二年生だったかね。父さん、母さんがお前にお小遣いをやったんだけど、お前がそれを使わないで持っていて、学校に行って友だちに貸していたらしいんだよ。千ウォン貸してやって、次の日に百ウォン、二百ウォン必ず利子をもらって。利子を払わなければ貸してやらず。お前が学校から帰ってきておばあちゃんにそう話してたよ。ちっちゃい子がそんなことをまたどうやって知ったんだろうね。父さん母さんの商売について回って、「ワッフル五百ウォンです」って代わりに言ってお金を受け取って。子どもの頃からそんなことをして世の中のことを早く知ったんだろうよ。

父と母がワゴン車で食事をして寝てお金を稼いでいた時、私と弟グァンヒは祖母の家でご飯を食べながら二人の帰りを待った。私が小学二年生になった日、弟は小学校に入学した（ボラと弟は二歳違いだが、弟が早生まれのため、学年は一年違いだった）。グァンヒは、担任の先生から父母面談をするからお母さんを連れてくるように言われたと言った。

私は弟に言った。

「お母さんはろう者で、毎日商売をしに出かけていて家にいないから、学校に行って先生に、お父さんとお母さんがろう者だってことをお話ししなさい。わかった？」

翌日弟は、祖母のしわだらけの手を握り学校に行った。祖母は私たちを不憫に思った。夕飯には、祖母が一階でカワニナの味噌汁とさつま揚げの炒め物と海苔を食べさせてくれた。祖母が二階にいる私たちに電話をくれると、アニメを見るのをやめて弟と一緒に階段をたたっと下りた。

ご飯一膳をさっさと食べてしまうと、夕方の時間帯には宿題をしなければならなかった。私にも宿題を手伝ってくれる誰かがいればよかったなどという考えは最初からなかった。父も母も文章ひとつちゃんと書けない人だった。私は母の服の裾をひっぱる代わりに参考書を広げた。参考書と問題集、通信教材は、父や母がいなくても、私を助けてくれるものとなった。だから私は新学期になる度に、最初にそれらを購入した。そのためにはお金が必要だった。私は毎晩祖母の財布を漁った。やはり漁っては叱られ、漁っては叱られの連続だった。

4　ボラと弟グァンヒの成長

全国を巡り、焼けるものなら何でも焼いて売っていた父と母は、季節と状況によってその種類を柔軟に変える熟練の路上商売人だった。祖母は毎晩父が売るバター焼きのイカの足を、食べやすいサイズに切った。私と弟は手伝うと言って小さいハサミを手にして取りかかったが、切るより食べる方が得意だったため、祖母の小言を聞くのがお決まりだった。

祖母の家から近いところにあった小学校は規模がかなり大きかった。私は毎日校庭を走った。しょっちゅう走っているので、陸上をやってみてはどうかと言う先生の言葉に、「うちの母も陸上選手だったんです」と答えた。朝は授業の前に走って、授業が終わると校庭やもっと広い公園に行って練習する陸上部の生活は、疲れたが楽しかった。しかし毎日先頭で走っていた私と違って、グァンヒは後ろから数えて一番の子だった。

◆弟グァンヒの話

今は隠していないけど、子どもの頃は母親が商売をしていると言ってやり過ごしていたんだ。大人たちは似たような反応だった。かわいそう、みたいな言葉で慰めてくれるんだけど、それが僕にはぴんとくる言葉ではなかった。初めて会った人たちが、「ご両親の言うことをよく聞きなさい」と言うのが、ただ形式的に言っているように聞こえて……。「うちの両親はろう者なんです。でも僕はこうやってちゃんと育ちました」と言うんだけど、初対面の人たちが僕が予測できる程度の答えをするから、「どうせ同じ話を聞かなければならないのなら、あえて努力してこの話をしなくてもいいんじゃないか?」と考えるようになったんだ。同い年の子たち、小学校、中学校、それぐらいの歳の子どもたちにとっては、それはいじめのネタだから。お前のところの親はうちの親とは違う。そのせいで小学校の頃はうんと泣いたりもしたし。それが積もり積もって、自分から先に両親がろう者だとあえて話さなくなったんだと思う。

◆母ギョンヒの話

息子が誰かにいじめられたので腹が立って学校に押しかけたわ。その時ボラ、あんた来て手話通訳しなさいって呼んだの。一年生の時だったと思うけど、お風呂に入れてたら体に痣がいっぱいあって、誰がこんなことをしたのか聞いても黙っているのよ。だから誰がこんなことをしたのか、誰がつねったのかって聞いたら、友だちがやったって。それで腹が立って次の日の朝学校に行ったの。先生にこれを見て下さいと。ここ、腕を見てって。どの子がつねったのかと怒った。先生はわかりましたと言って、その子たちを連れてきて叱ったの。それからはつねることはなくなった。しばらくしてお風呂に入る時見たら、痣はなくなっていたわ。

小学校に慣れた頃、父はまた引っ越さなければならないと言った。ソウル郊外、京畿道《キョンギド》の富川《プチョン》から城南《ソンナム》、城南から祖母のいる大田《テジョン》、そしてまた京畿道の安城《アンソン》だと言う。

「学校は？　勉強は？」

私は困り果てた表情で、両手の手のひらを広げ指先を上に立てたまま顔の前に引き寄せた。「勉強」という手語だ。父は右手の手のひらを上に向けたまま左から右に移動させた。「移す」（引っ越す）という手語だった。

◆父サングクの話

京畿道安養《アニャン》の祭りの時、夏だから焼いた菓子は売れないんだけど、隣を見たら、ネックレスとかを売ってたんだ。だから俺もネックレスを仕入れてきて売ったよ。その時京畿道《キョンギド》松炭《ソンタン》でよく売れるという情報を聞いて、そこに行った。コンテナボックスを安く売ってくれるというので買ったんだ。それを屋台にしてワッフルやイカのバター焼きを売ったんだけど、本当によく売れたよ。一年ぐらいそうやって生活していて、どうせならと子どもたちを連れて京畿道安城《アンソン》に引っ越して本格的に中央大学の裏門で商売した。焼き菓子の商売は夜から朝まで生地を準備しなければならないんだけど、最初は機械がなくて、手袋をして手で生地をこねていたんだ。大きなケース二つ分作るのは本当に大変だった。全国の祭りを回りながら商売する時は、夜は車で寝たから寒かったりもしたよ。

商売にそろそろ慣れてきた父の悩みは、どうしたらもっと簡単にお金を稼ぐことができるか、だった。学生街は夏休みなどを除けば平日も人通りが多い方だったので、週末の商売より安定した収入を期待できた。

私たちは両親の商売の移動ルートに合わせて、京畿道安城に引っ越した。初めて名前を聞く都市だった。

転校した学校は二階建てで、一学年に一クラスしかなかった。引っ越してすぐ、私は自動的に四年一組の生徒になった。

「こんにちは。よろしくね。私の名前はボラ」
新しい町に新しい学校、新しい友だちだなんて！　私はやたらわくわくして心が浮き立った。休み時間になると女子たちは私の周りに集まってきた。男子たちはどうやって私をからかおうか、虎視眈々と狙っていた。私は自分をいじめようとかかってくる男子たちを片手で制圧した。

◆弟グァンヒの話

小学三年生の終わりから四年生に上がる頃安城に引っ越したんだけど、引っ越したら最初は学校に親と行くよね？　転校してきましたって。あの時他の子たちがうちの親を見て、あ、あの子の両親は言葉が話せないんだ、耳が聞こえないんだって、そういうことでからかったんだ。だからいらいらしたし、腹も立って、そうして何日か経ったんだ。頭にきて追いかけてなぐろうとしたら、脚が短くて追いつけなかった。

授業が終わると、友だちの家に遊びに行くのが私の主な日課だった。友人たちは地区ごとにそれぞれ登下校は別だったが、家に帰れば日が暮れるまで遊ぶのは一緒だった。私たちは自転車に乗って互いの家と家を行き来した。庭は広く、道も広かった。世の中は遊び場であふれていた。その上我が家は中央大学の裏門の近所で、そこには食べ物屋も文房具屋もあり、レコード屋もあればゲームセンターもあった。友人たちは遊び場が至るところにある大学裏門にしょっちゅう足を運んだ。午後のゲームセンターとインターネットカフェは我々のものだった。そういう時いつも私は、新しく引っ越した家に友だちを招待していた。

「ねえボラ、これ何？　このボタン」

我が家の玄関の前には他の家にないボタンがひとつあった。押すと、家の真ん中でライトが点いては消えるボタンだった。父は引っ越す度にまず最初にそれを取り外し、新居にまず最初にそれを設置した。それは呼び鈴の音が聞こえない父と母にとっては生活必需品だったのだが、私と弟にとっても同じだった。

いつだったか家にそのボタンが取り付けられる前のことだった。毎日家の鍵を持ち歩いていた私が、うっかり家に忘れて出かけてしまった日のことだった。母が聞こえないということをちゃんとわかっていながらも、もしかしたらと固く閉ざされた鉄扉の前で何度も呼び鈴を押した。

「お母さんが扉が動くのを見るかもしれない」と、私は鉄扉を強く叩いた。心の中で「お母さん、お父さん、お願い……」と何度も呼びながら、テレパシーを送ることも忘れなかった。しかし、結局私ができることはたったひとつだった。鉄扉の下の方にある唯一の穴、配達用の牛乳投入口に腕を差し入れて、激しく振ることだった。膝が痛かった。唯一家の中に入ることができた私の腕は、空しく宙を舞った。腕を激しく振り続ければ、牛乳投入口のざらざらしたプラスチックの面で腕に傷ができた。そうやってしばらく玄関の前で四つん這いにならなければならなかった。両親が私の手を発見してくれることを祈り続けながら。

◆弟グァンヒの話

小学生の頃、強迫観念がちょっとあったんだ。元々体力があまりなくて、元気な方ではなかったけど、何かトラブルが起きたりした時にけんかをするという考えがなかった。大田《テジョン》のおばあちゃんの家に住んでいた時、一、二度友だちとけんかをしたんだ。そしたら学校の先生がこう言ったんだ。「お前は両親が障害者なんだから、けんかなんかしないで良い子にしていなきゃだめだぞ」って。その日以降そういうことに対してプレッシャーが生まれた。僕がけんかをしたら、イ・グァンヒという子がけんかをした。小学生同士がけんかするんじゃなくて、キル・ギョンヒとイ・サングクの息子であるグァンヒがけんかをした。だからこの子は親不孝なことをしたっていうふうに。そうやって自動的に認識して、その事件以降はけんかをするとかそういう状況を作らなかった。今でもそんな状況になれば、頭の中で「けんかしちゃだめだ、けんかしたら両親が学校に呼ばれるし、僕があいつに怪我をさせたら治療代を払わなくちゃならないけど、うちはお金がある方じゃないんだ」

とまで考えてしまうから、けんかはしなかったよ。そんなプレッシャーがあって、けんかはほとんどしなくなったんだと思う。

萎縮していたみたい。あの頃は両親が障害者だから周りの目も気にして。みんなが同じように見ているのに、僕を見る視線にはそういうものが混じっているみたいに思った。学校生活をする中で、いくらできなくても中間ぐらいにはならなくちゃだめだと、無難に交ざっていこうという考えがあったんだと思う。

私は転校してすぐ学級委員長になった。小さい学校の生徒たちは互いをとてもよく知っており、それは先生も同じだった。ボラのお母さんが中央大の裏門で商売をしているということも、耳が聞こえないので手で話をするということも、だから生活がそれほど豊かな方ではないということも、しかしボラの家の経済状況もヨングォン君の家の経済状況もそれほど変わりはないということも、我々は互いのことだけでなく、互いの父、母、家庭の暮らし向きまでとてもよく知っていた。

学校は、父母会に毎回は出席できない母のことを理解してくれた。私は学級委員長も副委員長も務め、全校生徒会の副会長にもなり後に会長まで務めたが、誰も両親に父母会の会議に必ず出席するように強要したりはしなかった。

私はたびたび先生の話や父母会会長を務めるお母さんの話を母に通訳した。母は時々父母会に出席した。その度にソルジのお母さんとヨングォンのお母さん、ユリのお母さんは、私の母に筆談で話しかけたり、ボディーランゲージで意思を伝えた。打ち上げの席で一緒に焼肉を食べ、ビールを一杯やり、カラオケに行って歌を歌い踊ることは、母にも充分できることだった。私は父と母のことを説明しなくても、学校に楽しく通うことができた。しかし、グァンヒは少し違った。母は私に代わりにグァンヒを叱ってくれるように頼んだ。

◆弟グァンヒの話

母さんより姉さんのほうがもっと怖かったよ。そもそも一緒に過ごす時間が姉さんとの方が多かった。父さん母さんは共稼ぎだったから。話をしたりお互いを見守ることができる時間が、姉さんの方がもっと長かったんだ。一緒に生活しているから、親たちより姉さんの影響をたくさん受けたしね。学校も一緒に通ったし、父さん母さんが帰ってくるまでご飯を待つ時間も姉さんと一緒だったし。姉さんの視線、一緒に過ごす時間の姉さんの視線に神経を使わなくちゃならなかった。だから姉さんの言うことをもっとよく聞くようになったんだと思う。子どもの時はおばあちゃんと一緒に住んでいたけど、おばあちゃんは僕が一人っきりの男の孫だから、同じことをやらかしても、姉さんのことは叩くのに僕は叩かなかった。父さん母さんもおじいちゃんおばあちゃんの目を気にして、僕はあまり叱らないで姉さんのことをもっと叱っていたんだろう。僕にとっては、両親は優しくしてくれる人たちで、姉さんは叱る人、そんな感じだった。

母は私に「息子に一生懸命勉強しなさいと言いたいけど、言うことを聞かないし、手語でのコミュニケーションもちょっと難しい」と言った。私は母の目を見た。母は心から弟と話をしたがっていた。しかし幼い頃からうちの手語通訳はすべて私が任されてきたため、手語が上手なのは弟ではなく私だった。故に母の心の奥底の感情を読み取るのは、やはり弟より私がより素早かった。

私は父と母がワッフルを売りに出かけている間に弟を呼んだ。弟はいつものようにコンピュータゲームに熱中していた。「ゲームやめなさい！」と大きい声を出すと、弟は椅子から立ち上がり床におとなしく座っていたが、私の様子をうかがいながらテレビをつけた。私は話し始めた。

「グァンヒ、あんたもお父さんお母さんが音が聞こえないのは知ってるでしょ。うちの暮らしがどうなのかも知ってるし。前の冬はおばあちゃんの家に行っていたでしょ。覚えてるわよね？　お父さんが冬には仕事がないから、お母さんも仕事ができなくて、お父さんが工事現場の仕事をしてたじゃない。ドアの枠みたいなのを作って。でもそれも毎日ある仕事じゃないから、仕事がなければ家にいて。うちにお金がないから、冬休みにはお母さんが毎日すいとん《スジェビ》を作ってたのよ。お米を買うお金がなくて。そうやってどうにか過ごしたけどやっぱりだめで、お母さんが私たちをちょっとの間おばあちゃんの家にやったの。それで安城《アンソン》から大田《テジョン》まで連れて行かなくちゃならないんだけど、それもお金がかかるでしょ。だから天安《チョナン》までしか行かないで、天安からは叔父さんが私たちを連れて行ってくれて。あんたもそれ、全部覚えているでしょ？　そしたらどうしなければいけない？　勉強を一生懸命しなくちゃだめでしょ。うちは生活がこんなだから、私たちができることは勉強をがんばって良い大学に行って、お金を稼ぐこと。それが親孝行よ。なのに今みたいに毎日ゲームをしてたらどうなると思う？」

弟は黙っていた。私が話し続けるにつれ、うつむいていった。毎日ゲームをして、コンピュータに向かっていることに話が及ぶと、グァンヒは大粒の涙を流した。私が十一歳、弟が九歳のことだった。

◆弟グァンヒの話

たった二人きりの姉弟だから。思い切り頼ることができて、言いたいこと、心配や悩みを全部打ち明けることができた。小さい頃からすごく面倒をみてくれて、母さんみたいでもあったし。姉さんがいなかったらどうやって生きていたんだろうって、そんなことも考えるよ。

弟は母が叱っても泣かなかった。しかし私が口を開くとわんわんと声を出して泣いた。私は自然と弟の母親代わりになっていた。

◆弟グァンヒの話

僕は中学生の頃も十時~十一時に寝てたんだけど、姉さんはその十時~十一時頃に勉強を終えて家に帰ってくるから、会話する時間がほとんどなかった。顔を合わせるのは朝ご飯を食べる時だけだったよ。

私は一生懸命勉強した。大会という大会には全部出場したくて手をあげた。学校では、大きな賞をもらうと毎回朝礼を開いて、全校生徒を運動場に集めた。私は朝礼台にしょっちゅう上がった。全員が一斉に見上げる高い朝礼台の上に立って、緊張しながら校長先生が手渡す賞状を受け取った。爽快だった。賞状という賞状はすべてもらいたかった。友人たちのご両親が頭をなでながら言った。

「ボラ、あなたはご両親が障害者なのに本当に明るいわね。勉強もよくできるし。しっかりしてるわ」

私は手を横に振りながら、「いいえ、そんな」と答えた。学校の先生は、勉強も学校生活もがんばっている私が好きだった。事故や問題を起こすと、両親の障害は私にとってマイナスとなるが、学校生活をきちんとして勉強もできていれば、両親の障害はプラスとなるのだということを、頭よりも先に体で覚えていたのであった。

褒められることが嬉しかった私は、夜遅くまで宿題と復習に励んだ。成績が上がるにつれ、人々の関心と期待を一身に受けた。模範生として生活することも忘れなかった。毎日コンテナボックスの中でワッフルを焼いて、イカのバター焼きを作る母は「内申書」だとか「入試」に関することは全くわからない人だった。私は母の代わりに、学校と親との連絡帳を書いた。「たいへんよくできました」や「もっとがんばりましょう」というような文章を。

私は幼い通訳者

四章

1　手で話す人々の盆・正月の風景

「あの、お母さんが、最近はどんな仕事をしているのかって言っているんですけど」

練炭の匂いがする京畿道城南市《キョンギドソンナム》の太平洞《テピョンドン》の母方の実家には部屋が三つほどあった。部屋と部屋の間には高い敷居があり、その間を行き来する時は足を腰ぐらいまで上げなければならなかった。

九人兄弟の末っ子である母は、太平洞の祖母の家に行くと食卓の準備も洗い物もしなかった。母がすることと言えば、暖かい部屋で私を隣に座らせ、祖母に最近体はどうかと聞くことだった。また、手をあげて母の兄、つまり伯父たちを呼んで、「最近儲かっているか」と私を介して尋ねたりもした。

盆や正月でなければ自分の母親や兄たちになかなか会えない母にとっては、ごく当然な質問かもしれない。しかし、「今はどんな仕事をしているのか」などという質問で、彼らの経済事情を母に代わって尋ねること、彼らの努めて繕った淡々とした表情と向かい合うことは、八歳の私にはどうしたらよいか困ることだった。

重要な移動手段、スタレックス

毎年盆や正月になると、私たちはスタレックスに乗って長い時間行き来した。父は車を改造して、車の後部には商売に必要な物をきちきちに積んだ。ホットクとプルパン、ワッフルなどの食べ物を焼いて売ってお金を稼いでいた父は、そこに生地の容器を積み、椅子を積み、ホットクの機械も積んだ。ところがある時からそこには他の物が収まった。お金を稼ぐやり方は同じだったが、お客さんがすぐ飽きないように売り物、コンテンツを変え続けるのだ。

父は東大門市場で直接仕入れてきたおもちゃをそこに載せた。そしてそれらとともに全国津々浦々を回った。しかし流行が過ぎると、残った在庫を納戸に入れたり、大田《テジョン》市中里洞《チュンニドン》の祖母の家の倉庫に入れた。おもちゃの次はネックレスだった。父はまた東大門市場を巡り、ネックレス、ブレスレットなどのアクセサリーを仕入れてきた。それらはかさばらないので、一度にたくさん積むことができるのがメリットだった。

ネックレスを売るためには露店で広げる台が必要で、お客さんが立ってその台の商品を見ようとしたらそれを支える脚が必要だった。家具職人だった父はそれらを絶対に買うことはしなかった。板を車に入るサイズに切った。板の四隅には下に支える鉄の棒が必要だったが、父は長さを合わせて鉄の棒も切った。

また、朝から仕事を始めて人通りが多くなる夕方まで商売をしようとしたら、日よけのパラソルが必要だったが、それも抜かりはなかった。パラソルを立てる台も一緒に作った。しかしコンクリートを流し込んで作ったそれは、やたらと重かった。パラソルが風で飛ばされないようにそうしたのだ。父は鋼とコンクリートでできたその丸い台の外側の面をごろごろと転がして車に積んだ。

車内の両脇にばらした板をすべて載せてしまえば、真ん中にはネックレスのボックスが収まった。父はいくつもプラスチック・ケースを持っていたが、その中には新聞紙がぎっしりと詰まっていた。陳列台を片付ける時は台の下にしまっておいたプラスチック・ケースを取り出した。まず最初に新聞紙一枚をケースの中に敷く。陳列台の上にはそれなりの規則と秩序に従ってネックレスが分類されていたのだが、父はそれらを種類別に集めた。この時大事なのは、ネックレスが互いにからまないようにすることだった。

父はネックレスの留め具がある方に親指を当て、上に向かって指をすっと押した。すると縦に一列に並んでいるネックレスがすうっと親指と人差し指の間にひっかかった。そしてそのネックレスの束をからまないようにそっと持ってボックスに入れた。新聞紙一枚がその上に敷かれた。次は他のネックレスの番だ。父は順にそれらを分類し、親指と人差し指でボックスに移した。そして先ほどのようなやり方で新聞紙を利用し、それらを区分した。そのようにひとケース、ふたケース、車にきちんきちんと積み、移動し、またそれを降ろした。その間もネックレスは互いに全くからまることはなかった。父は経験を通して学習したやり方で、ネックレスのボックス内の秩序を維持した。

そんな父にとってスタレックスは重要だった。しかし、盆や正月は違った。父は家族を乗せた長時間かかる帰省の道のりに備えて、商品をアパートのベランダと納戸に押し込む作業をしたが、スタレックスの内部は変えることができなかった。すでに徹底的に改造された後だったのだ。

本来スタレックスは大勢が乗れる自動車だった。しかし父が塗装がすっかり剥がれたシルバーのスタレックスを中古で購入した時には、すでに改造するぞと決めていた。父は、運転席と助手席を残して、他の座席を全部外した。後部座席には成人一人ほどが横になれるような板を高い位置に張った。その理由はもちろん商品をたくさん積むためだった。板を基準に下は商品が位置を占め、どちら側にも傾くことはなかった。

これは何の商売をしても、どこでしようとも、とてもすぐれたレイアウトだったが、私と弟にとってはそうではなかった。私たちは体が小さいという理由ひとつで、運転席と助手席を父と母に譲らなければならなかった。残る場所は木の板の上だった。しかしそこは、横になることはできたが、決して起き上がることはできなかった。父は「寝っ転がって行けるからいいだろ?」と、けらけら笑ったが、私と弟はスタレックスの天井をぼんやり見上げながら、全く笑えなかった。

中里洞《チュンニドン》の風景

いつも中里洞の父の実家が先だった。祖母たちは互いを中里洞のおばあさん、太平洞《テピョンドン》のおばあさんと呼んでいた。私は中里洞の祖母を「ハルモニ」(おばあさん)と呼び、太平洞の祖母を「外《ウェ》ハルモニ」(母方のおばあさん)と呼んでいた。呼称の前に「外」とつける度にちょっとした距離を感じて寂しくなった。

父は長男であり、母は一番上の嫁だった。だから私たちは盆・正月の連休になるとスタレックスに乗って大田《テジョン》の中里洞に向かった。そういった連休の度に大人たちは奔走した。祖母は丘の下にある中里市場に何度も足を運び、母も祖母について出かけた。そして私と弟は、祖母が作ったシッケ*を飲みながらテレビを見ていた。

盆と正月には朝から夕方まで特集番組がたくさんあり、それこそ天国だった。私はきちっと

おそれ
入りますが、
切手を
お貼り
ください。

読者ハガキ

151-0051
東京都渋谷区千駄ヶ谷3-56-6
(株)リトルモア　行

Little More

ご住所　〒

お名前(フリガナ)

ご職業　性別　年齢　才

メールアドレス

リトルモアからの新刊・イベント情報を希望　□する　□しない

※ご記入いただきました個人情報は、所定の目的以外には使用しません。

ご購読ありがとうございました。
アンケートにご協力をお願いいたします。

voice

お買い上げの書籍タイトル

ご購入書店

市・区・町・村　　　　　　　　　書店

本書をお求めになった動機は何ですか。

- □新聞・雑誌・WEBなどの書評記事を見て（媒体名　　　　　　）
- □新聞・雑誌などの広告を見て
- □テレビ・ラジオでの紹介を見て／聴いて（番組名　　　　　　）
- □友人からすすめられて　□店頭で見て　□ホームページで見て
- □SNS（　　　　　　）で見て　□著者のファンだから
- □その他（　　　　　　）

最近購入された本は何ですか。（書名　　　　　　）

本書についてのご感想をお聞かせくだされば、うれしく思います。
小社へのご意見・ご要望などもお書きください。

ご協力ありがとうございました。

Little More

いただいたご感想は、全文または一部抜粋のうえ、本の宣伝等に使用する場合がございます。

積まれている新聞を取り上げた。他のページは見なくていい。テレビ番組欄が載っている面だけが必要だった。ハサミでその面を見やすく切り取った。もちろん祖父に許可をもらってだ。私がそこに丸をつけている間、祖父は居間に新聞紙を広げた。台所とトイレのゴミ箱を持ってきて新聞紙の上に空けるのが祖父の日課だった。祖父は家中のゴミというゴミを全部集めて、えへんと咳払いをしながら、それらを新聞紙でぐるぐると包んだ。祖父がそれを持って庭に出ると、きまってタバコの匂いが家の中に漂ってきた。毎日のように庭でタバコを吸っていた祖父の姿が、なぜか寂しく見えた。

父が倉庫で荷物を整理する音が聞こえた。私は鼻で祖父の匂いを嗅ぎ、耳で父の音を聞いた。口には祖母と母が焼いたチヂミを入れた。おもしろいテレビ番組は私の視線を虜にした。盆や正月の前の風景はこのように平和だった。

苦難は盆・正月の当日からだった。私は両親に朝七時に起こされた。祭祀《チェサ》**を行うから新しい服を着るように言われた。母が台所から身にまとってきた香ばしい匂いが部屋の中いっぱいに広がった。しかし、たった数時間前まで連休特集の映画を見ながら夜を明かした私は、母が部

*【シッケ】餅米を発酵させた、甘酒に似た飲み物
**【祭祀《チェサ》】法事や盆・正月に行う祖先供養の行事

屋を出ていくとすぐそのまま倒れるように横になる、ということを繰り返した。母が怒ってげんこを振り上げ、祖母が、「ボラ、もういい加減に起きなさい」と言うと、ようやく一枚一枚服を着て顔を洗った。

だが、それは全く理解できないことだった。祭祀《チェサ》と茶禮《チャレ》*を行う間、私ができることは何もなかったのだ。弟はうちの家系の唯一の男の孫なので祭祀に参加したが、私は女子なので特に参加しなくてもいいと言う。それなのになぜこの時間に起きていなければならないのか。

ふくれっ面をしながら祖父の部屋を覗いた。そこにはお膳の脚が折れんばかりの料理が準備されていて、いい匂いをさせていた。祖父は厳粛な顔をしていた。その横には祖父の弟、父と叔父がいた。弟は眠そうな顔でぼーっと立っている担当だった。母は台所から前日までに準備した料理を器に盛りつけていて、祖母は台所と祖父の部屋を忙しく行き来しながら、何が必要か確認していた。

もちろん祖母の仕事を手伝うこともあった。父が箸がもっと必要だと手で話したら、祖母にそれを明確な音声言語に訳すこと。しかしその程度なら、何十年も一緒に暮らしてきた父と母が勘を総動員してできることでもあった。

私は退屈して立っていたが、やがてそっと祖母の部屋へ入った。だが母はお見通しだった。私が密かに寝ているのに気づくと、怒った顔で部屋に入ってきて、おでこをこつんと叩いた。

仕方なく私は母に手を引かれて部屋を出た。

曽祖父（ひいおじいさん）、高祖父（ひいひいおじいさん）たちの魂が祭祀の膳に来て食事を終えたら、残りの料理は家族の分だった。祖母と母が数日かけて準備した料理は、実に最高の味だった。特に祖母が味付けしたカルビは、我が家の自慢だった。弟がカルビを口に入れて幸せそうな表情を浮かべると、そこから家族はようやく私の名前を呼んだ。

「ボラ、例の三番目のおじいさん（おじいさんの弟のこと）の息子は今もまだ刑務所にいるのか聞いてみろ」

父は両手の四本の指を上向きに顔の前に当て、上から下にすっと下げながら「格子」という手語をした。その動作の前に「鉄」という単語をつけると「鉄」と「格子」という単語が合わさって「監獄」という手語が完成するので、親指を口で軽く噛む動作（鉄）もした。

私はカルビを噛みかけた口を開いた。

「おじいさん、お父さんが、おじいさんのあの弟、三番目のおじいさんの息子は刑務所にいるのか聞いてって」

祖父は私の言葉が終わるや、父に視線を向けた。

＊【茶禮《チャレ》】先祖への挨拶の儀式

「ああ、まだ刑務所にいるよ。前に出てきたんだが、また盗みをはたらいて、詐欺罪か何かでまた入ったよ」

父は祖父の口と表情を見つめて、その口が閉じるとすぐこちらを向いて私を見つめた。私は右の頬を人差し指でとんとんと叩いて「嘘」という手語をした。「詐欺」を「嘘」という単語で補足したのだ。久しぶりに会った家族の会話の内容にしては「刑務所」「嘘」「詐欺」という単語がなんだか不適切に思えるが、父と母は盆や正月に集まれない親戚の近況を知りたがった。私は祖父と父を交互に見ながら、祖父の弟とその息子の近況を伝えた。ところが問題はその後だった。

「ボラ、おばあさんのお姉さんの息子が今どこで何をしているのか聞いてよ」

母が「おばあさん」という単語に「お姉さん」という単語をつけ、さらにその下に「息子」という単語を加えて、その後にその人が元気にやっているのかと私に聞くと、私はそれをいっぺんに通訳することができなかった。いったいその人が誰なのか、その人をどう呼べばいいのか、知りようがなかったからだ（韓国の親族の呼称は細かく分かれており、男女、嫁など立場によっても変わってくる。韓国人でも複雑でわからないことも多い）。

「お母さん、その人は誰？　私のおばあさんのお姉さんの息子のことを言っているの？　何番目のお姉さん？　私がその人を何て呼べばいいの？　呼称のことよ」

私は母にしつこく指を動かしながら聞いたが、母は呼称はよくわからないと、同じ手語を繰り返した。母ができるのはその人と私たちの関係をもう少しゆっくり説明することだった。

私は口を開いた。

「あのね、おばあさん。おばあさんの下のお姉さんの息子？　その息子を私は何て呼べばいい？　とにかく何て呼ぶのかわからないんだけど、その人、元気かってお母さんが聞いてるの」

すると祖母はその人を私がどう呼べばいいか説明してくれて、その人の様子を伝えた。私はそれを耳で聞きうなずいた後、指を動かした。食べかけのカルビはまだ口の中だった。

こうして盆や正月の最大のイベント、祭祀《チェサ》を終えてようやく、連休は私が活躍する舞台になった。自分が望んだわけではなかったが、中央に立って、久しぶりに会った祖父母、親戚に両親の近況を伝える役目を担った。その逆もまた同様だった。しかし、父と母が親戚たちをしょっちゅう、小さいお父さん《チャグン・アッパ》（父方の叔父）、三寸《サムチョン》（父方の未婚の叔父）、堂叔《タンスク》（父の従兄弟）などの単語で呼ぶのではなく、「俺のお父さんの弟」「俺のお父さんのお父さんの弟」「私のおばあさんのお姉さんの息子」のように説明するので、私はへとへとになりながらその関係を指す呼称を探した。

手語では姑を「夫の母」と説明して表現し、丈母は「妻の母」と言う。「堂叔《タンスク》」「妻弟《チョジェ》」（妻の妹）のような複雑な単語は「父＋従兄弟」などと表現する。だから毎回母に、その人を私が音声言語でどう呼ぶのかを尋ねた。だが母はそれを手語の単語で説明した。口の言葉はわからないと言う。やっかいな役目だった。しかし、母の立場で考えるとそれを知らないのは当然だった。誰々のお母さん、誰々のお姉さんの息子、そのように呼ぶことは手語では当たり前のことだったからだ。

太平洞《テピョンドン》の風景

中里洞《チュンニドン》の父の実家にはとても大きい柱時計がひとつあった。それがボーン、ボーンと十回なると、祖母は手で表門を指し、手を外に払う動作をした。太平洞の母の実家に行く時間だった。中里洞の祖母の家と太平洞の祖母の家は同じ大田《テジョン》広域市内なので、車が渋滞する心配をしなくてもよかった。

太平洞の祖母の家にはケヤキの木が一本あった。その木は高さもあったが、幹の太さも相当で、二人で抱きついてやっと手が届くくらいだった。母は子どもの頃木の前に立ってゆっくり上を見上げると、その木と溶けてひとつになった記憶があると話していた。

我が家は中里洞では長男、嫡孫（長男の長男）の家系だったが、太平洞では九人兄弟の末娘だった。母はそこに行くといつも、のんびりとした表情になった。私と弟が先に駆けて行き、祖母の家の玄関ドアを開けると、決まってこういう声が聞こえてきた。

「ギョンヒ、来たのか？　お母さん、ギョンヒが来たよ」

私はギョンヒではなくボラだったが、私の顔がすなわちギョンヒだった。中に座っていた家族たちの視線が玄関の方に向くと、私の後ろに立っていたギョンヒ、つまり私の母が明るく微笑んだ。母には兄がたくさんいた。その上彼らの名前にはトルリムチャ*で皆「浩《ホ》」という字がつき、浩永《ホヨン》、浩植《ホシク》など、本当に覚えにくい、似たような名前だった。


父と母は頭を下げて部屋の中に入っていった。目上の人に会ったらクンジョル**をしなければならないと言った。

「おばあさん、お母さんがクンジョルをしないとだめだって」

---

*【トルリムチャ】または「行列字《ハンニョルチャ》」と呼ばれ、家系により異なるが、五行思想に基づき一族の繁栄を願って、主に木火土金水の順に各要素（木へん、さんずいなど）が入った漢字を代ごとに用いる習慣があり、その家系の同じ代の男性の名前に同じ漢字を一文字入れる。例えば、父親とその兄弟の名前には火のつく「燮《ソプ》」の字が入り、その息子たちの代の名前には土へんの「埈《チュン》」の字が入るなど
**【クンジョル】正式な挨拶のお辞儀。盆・正月や帰省の際、親や祖父母などの目上の親族に、両手を前に重ねてひざまずいてお辞儀をする習慣

私がそう言うと、祖母は挨拶なんていいからと手を横に振ったが、私たちはすでにひざまずいた状態だった。

「セヘ　ボン　マニ　パドゥセヨ（あけましておめでとうございます）」

私と弟は両親の代わりに口で挨拶をした。母方の実家はとても狭く、祖父母、成人した九人の兄弟姉妹と孫たちが集まって座るとぎゅうぎゅうだった。彼らは各自の空間にうまく収まり、寝たりテレビを見ながら談笑していたのだが、そんな大人数がこの家にいっぺんに集まれるのがとても不思議だった。

母は久しぶりに姉や兄に会い、嬉しそうだった。兄たちも、妹のギョンヒが手で話す男性と暮らし、ある程度の生活ができていること、手でも話し口でも話す娘と息子を産み育てていることに、感心だという表情をしていた。

祖母はしきりに、「母さんをばかにしてはいけないよ。ギョンヒは小さい頃言葉も話したし本当に頭が良かったんだ」と言っていた。私はうなずきながらぎこちなく笑った。

母はホヨン兄さんに、今している仕事が何で、その仕事はうまくいっているのかを聞くように私に言った。私は手を小さく動かし、ホヨン兄さんが誰なのか聞いた。すると母は人差し指でホヨン外三寸《ウェサムチョン》（母方の伯父、叔父）を指した。

「あの、すいません。えっと、ホヨン、ホヨン……」

私がもごもごと口を動かすと、母の兄が言った。

「ああ、ホヨン？」

「あ、はい、その人です。その人が今何をしていて、仕事はうまくいっているのか、お母さんが聞いてって言うんです」

その人をどういう呼称で呼ぶべきかわからず、曖昧に言った。私の前に座っている「その人」を「ホヨン外三寸」と呼べばいいのだということを知ったのは、それから何年か経ってからのことだった。

長い長い盆や正月を終え、再びワゴン車スタレックスに乗って家へ帰る道のりは、やけに短く感じられた。一日中通訳をして疲れ切った私は、車に乗るやいなや眠りに落ちた。それは母も同じだった。父もまた中里洞《チュンニドン》の実家で祭祀《チェサ》を行い、太平洞《テピョンドン》でおとなしく座っていることでとても疲れていたが、彼にはまだ私たちを無事に家まで連れて帰るという仕事が残っていた。

「ボーアー、オイロ！　イーエ！」（ボラ、起きろ！　家だ！）

父が私たちを揺り起こすと、やっと盆正月のスケジュールが終わった。しかし、やることがひとつまだ残っていた。父は私の背中を電話機の方にとんと押した。

「電話」。そうだ。とても大切なミッションがひとつ残っていたのだ。私は眠い目をこすりながら、〇四二で始まる番号（大田《テジョン》の市外局番）を押した。

「もしもし。おばあさん？　私、ボラ。今安城《アンソン》のうちに着いたよ。うん。お父さんもお母さんも大丈夫。無事着いたから心配しないで。おやすみなさい」

弟も電話通訳をすることができたが、この仕事は自然と私の役目になることが多かった。

私はもう一度番号を押した。中里洞《チュンニドン》の祖母にも太平洞《テピョンドン》の祖母にも、公平に電話をかけなければならなかった。二人とも私たちの安否を気にしていたからだ。いつの間にか部屋に入ってきた父と母は、かばんを下ろし、私の隣に座り、「元気」という単語を両腕を動かして表現した。

「おばあさん、おじいさん。お母さんとお父さんが元気で長生きしてくださいと伝えてって。おやすみなさい」

父と母、そして彼らの父と母ができることといえば、ただ互いが元気に過ごしていると、黙って信じることだった。私ができることは、その間にいて、互いが元気に過ごしているということを、声で、そして目で確認してあげることだった。

2

ろう者の通信事情変遷史

「姉さん、僕アニメ見たい。いい？」

京畿道城南《キョンギドソンナム》でのことだった。ホットクやプルパンを焼いて売っていた父と母は、夜遅くなって帰ってきた。そんな両親を待ちながら私と弟ができることといえば、テレビを見ることだったのだが、弟はアニメを見たいとねだり、私はサメやクジラが出てくる海洋ドキュメンタリーを見るんだと言い張った。

当時世の中と私をつないでくれたのが、テレビのドキュメンタリー番組だった。共働きだった両親の代わりに、テレビは地球のあちこちへ案内してくれた。私はその膨らみがある四角い窓を通して、高地に暮らすチベットの人に出会って友だちになり、目が大きくてほりが深いインドの人にも出会った。身を乗り出してテレビの世界にのめり込んでいると、ある瞬間家の中全体が黄色く光った。両親が帰ってきたのだった。

一九九〇年代中盤：ファクスとポケベル時代

「ボーアー！　グァーヒー！」（ボラ！　グァンヒ！）

帰宅した両親は私たちの名前を大声で呼んだ。私たちは我先に父の広い肩にぶらさがった。父はまるで横綱だった。私たちは父の腕にぶらんぶらんぶらさがり、父はそのまま私たちをぶらさげてリビングまで歩いて行った。

かばんを下ろすと、父はまず最初にファクスを確認した。一日中父と母を待ち焦がれた文字たちがついに主《あるじ》に出会った。文章と文章の間には点線があり、それは何通のファクスが届いたのかを区分する線となった。もちろん文章毎に書体が違い、内容も違うので、誰が送ったのか見分けることは難しくなかった。

しかし、時々送信者が紙の向きを間違えて「送信」ボタンを押すと、我が家のファクスには白い面ばかりたくさん出てきたりすることもあった。すると父は、その紙をびりっと破り取って、裏面に「もう一度送ってください」と書いて返信した。我が家の引き出しには、いつもくるくる丸められた白い用紙が入っていた。父はファクス用紙がなくなると、それを取り出してセットした。その紙がファクスを受信する紙になり、裏面が自然と返信用紙となった。

紙の表面はつるつるしていて文字を書くには適さなかったが、裏面は表に比べてそれほどつるつるではなかったので、ペンや鉛筆で文字を書くにはちょうどよかった。

父は再び私の名前を、家中に響き渡るほどの大声で呼んだ。

「ボーアー！」

「お父さん、そんなに大声で呼ばなくてもいいってば！」

私は父の隣に座った。

「この文、どうやって書けばいい？」

父は一枚の紙をよこした。

――今日の商売　お金　少し　稼。土日に江原道襄陽郡《カンウォンドヤンヤン》の祭り　参加するし、京畿道安城《キョンギドアンソン》の孔邑道（コンウプド）　会おう。

私はペンを取り父の文章を直した。

――今日の商売お金を少し稼いだ。土日に江原道襄陽郡の祭りに参加の予定。京畿道安城の孔道邑（コンドウプ）で会おう。

父は三文字以上の長い単語をよく覚えられなかった。それは母も同じだった。母は찜질방（チムジルバン。低温サウナ施設）を「찜방질」（チムバンジル）、목욕탕（モクヨクタン。銭湯）を목탕욕（モクタンヨク）と書き、이쑤시개（イスシゲ。楊枝）を「이쑤개비」（イスゲ、

ビ）と呼んだ。

しかしろう者同士の意思疎通には全く問題なかった。なぜかといえば、それは「ㅉ＋ㅣ＋ㅁ＋ㅈ＋ㅣ＋ㄹ＋ㅂ＋ㅏ＋ㅇ」（찜질방 チムジルバン）という文字ではなく、両肩に手を載せて、肩の上を滑らせながら両肩先に向かって五本の指先をシュッとすぼめる動作を二度繰り返す、という手語で、明確で簡単に表現することができるからだ。チムバン、、ジル、、やモクタン、、ヨク、、のような文法的な誤りは、両親が第二言語である韓国語を使用する時に見られる小さな間違いに過ぎなかった。私は両親の代わりに文章を受け取り、書き、送信ボタンを押した。ピー、ピリリリリ。ピリリリリ。

音が聞こえると、私と弟は我先にファクスに向かって駆け出した。ファクスが電話機能も備えていたため、祖母や親戚たちからの連絡を聞き、伝えるためには、この信号音がファクスなのか電話なのかを聞き分けなければならなかった。だから私たちは走った。いや、走らなければならなかった。

ファクスはピー、ピリリリリ、ピリリリリと鳴って自動で受信される方式だったが、電話の場合はピー、ピリリリリ、ピリリリリという二回の信号音の間に受話器を取らなければ自動でファクスに切り替わった。ゆえに私と弟は二回の信号音の間に「もしもし《ヨボセヨ》」と言って、それがどちらなのかを確認しなければならなかった。受話器を取った時、ピッという信号音が聞こえればそれはファクスだったし、人の声が聞こえれば電話だった。ファクスの場合はすぐに青いボタンを押し、きちんと受信できるようにしなければならなかった。

そんなことを父と母は知るわけもなかった。私と弟グァンヒは経験を通してそのようなことを「生きる知恵」として少しずつ蓄積していった。ファクスの青い送信ボタンとその横にある赤の中止ボタンはどれほど押したのだろうか、印字されていたはずの「送信」と「取消」の文字が判読できないくらいになっていた。

両親は家にいる時はファクスを使い、商売に出ている時はポケベルを使用した。ポケベルは当時のドラマにも度々登場した。私はポケベルを持っていなかったが、両親は腰元にそれを着けて出かけていた。また手のひらに収まるサイズの手帳も一緒に持ち歩いていた。韓国聾唖者協会で普及していたそのポケベル手帳には、ろう者間の暗号が収録されており、それは例えば「72*00*8255*30*8282119」といった類のものだった。

聴者はポケベルで簡単な数字のメッセージを伝え、公衆電話を利用して録音されたメッセージをやりとりする用途で使用していたが、ろう者はろう者たちだけのやり方で使用していた。「72」は発信者の名前、「00」は今、「8255」は早く来て、「30」は釜山駅、「8282」は早く早く、「119」は大変急を要す、を意味した。

父と母はポケベル手帳を見て互いに、どこどこで会おう、今向かっている、今日は行けない、などの簡単なメッセージを伝えた。ろう者のポケベル手帳は奇抜だった。愛や愛情を表現する数字もあり、約束をしたりキャンセルしたりする数字もあった。それこそ数字の約束の世界だった。父と母は腰元に着けた機器を通じて、手で話をする人々の世界に出たり入ったりを繰り返した。

一九九〇年代後半：字幕受信機と携帯電話の登場

大人になってお金をいっぱい稼ぐようになったら、最初に買いたいものが字幕受信機だった。私と弟はテレビでアニメを見てドキュメンタリーを見てドラマも見たが、両親は口で話す人々を目で眺めるしかなかった。四角い箱の中には手語通訳も字幕もなかったからだ。私はいつも、テレビに登場する人たちが何の話をしているのかを手語に訳すのが大変だった。しかし、両親には他に方法がなかった。だから、お金を稼いだらまず最初に字幕受信機を買うのだと心に誓った。そんなある日、父が突然黒い機械を持ってきた。字幕受信機だと言う。

「どこで買ったの？」

「国がろう者のためにくれるんだ」
父は機械の後ろにコードを差し込んだ。それをテレビにつないで電源ボタンを押すと、アナログ特有の音とともに作動した。アンテナの方向が悪かったのか、テレビはジージーと鳴った。私はテレビをトントンと二度叩いた。すると不思議なことに画面がちゃんと映った。

テレビに文字が一つ、二つ出てきた。ニュースの時間だった。父と母は何かに取り憑かれたように、画面から目を離すことができなかった。我が家に新しい世界が開《ひら》けたのだった。もう私はこれ以上、ドラマのヒロインの台詞や、男性が女性を愛していて、だから今キスをしているのだとか、慶尚南道昌原《キョンサンナムドチャンウォン》市で連続殺人犯が捕まって、年齢が二十七歳だとか、そういうことを手語に訳さなくてもいいのだ。が、それも一瞬だった。母は私の腕をつんつんとついた。

「あの文章、どういう意味？」
母は文章自体を私に聞き直した。あ……、そうか。字幕受信機は言葉そのままのハングル字幕を受信する機械だった。両親の言語は手語だ。私は両親に韓国語の文章を手語で説明し直さなければならなかった。その上字幕は主人公が台詞を言ってから数秒遅れて流れるので、母は男性主人公とヒロインが画面から消えた後にようやく、彼らの声を字幕で見ることができるのだった。だから母は、私が先に感動して涙を流していると、私を見て感動する準備をし、その次のタイミングで感動するのであった。私たちはともにドラマを見ていたが、どうしても一緒に手を叩きながら笑ったり泣いたりすることはできなかった。字幕は両親にとって、もうひとつの外国語だったのだ。

その頃父は、誰よりも早く携帯電話を購入していた。高いと言っていた。正確にいくらかは言わなかったが、当時携帯電話が高いということは誰もが知っていた。母は本当に高いと私にこっそり教えてくれた。携帯電話は、全国津々浦々を巡って商売をする両親には必需品だった。携帯用として持って回れるポケベルがあったが、ポケベルでは正確な情報を伝えることはできなかった。正確な文章を伝えることができるファクスは家にいる時にだけ使用できる通信機器だった。携帯電話が普及すると、父と母は一台を一緒に使い、ろう者の友人たちと近況を伝え合った。まさに「革命」だった。家の外でも知らせたいことを正確に伝えられるようになったのだ。

両親が商売に出かけると、一階に住む祖母が二階に上がってきて私たちの面倒をみてくれた。祖母の家には電話機があり、父も携帯電話を持っていたが、二人は互いに電話をすることができなかった。だが、私には可能だった。両親の声を聞き取ることができたからだ。

「ボーアー、コアン、コアン、イア、モテイテ」

母は私が家にいるであろう時間に電話をかけてきた。私が電話を取ると、母は言いたい文章の途中をすでに大きい声でしゃべっていた。母は聞こえないため、私が受話器を取ったのか取っていないのかもわからないのだった。だからとにかく電話番号を押したら、皆がそうするように携帯を耳に当ててしゃべった。そして私は少しずつ母の文章を解読しながら聞かなければならなかった。

「ボラ、ご飯、ご飯。今持ってきて」

不思議なことに私は母がどんな単語を発音しているのか、何の話をしているのか、聞き取ることができた。母が母だけのやり方でどんな単語をどう発音するのかということを。「밥」（バプ＝ご飯）を「팝」（パプ）と言い、「지금」（チグム＝今）を「이음」（イウム）と発音するということを経験を通して知っていたからだ。だが、母は電話を切らずに声を張り続けた。

私は「わかったよ！」と声を張り上げたが、母は私がいらいらしているのか、自分の声をちゃんと聞いているのか、電話が切れているのかさえ知りようがなかった。

「わかった、わかったってば」

私は母が朝用意しておいたご飯を弁当箱に詰めた。特別なおかずはなかったが、ご飯とキムチだけでも持っていけば喜ぶのだった。祖母はこんな私を羨ましがった。

「サングク（父）が何だって？　母さんがそう言ってるのかい？」

祖母は電話で話すことはできたが、手語がわからず、携帯メールの送り方もわからなかった。父と母の発音もまた聞き取ることができなかった。だから私と弟を羨ましがった。

「おばあちゃんたちの頃はそんなことを教えてくれるところがなかったんだよ。サングクをただつんぼだ、おしんぼだと呼んでいたんだ」

中学生になると両親は私に携帯電話を買ってくれ、祖母は度々私に電話をかけてきた。祖母は自分の息子に電話したい気持ちでいっぱいで、私の電話番号を押した。やはり聞こえない下の息子（父の弟）に電話をかけたい時も迷わず私の番号を押した。

「お前にいつも面倒をかけてごめんよ。だけど私がこんなことを言えるのは他にないだろ?」

私はうなずいた。祖母のため、父のために私ができることは、祖母の切ない気持ちが混じった声を耳で聞きうなずくこと、そしてそれを携帯メールに書き取り、父、母に転送することだった。

二〇〇三年：携帯電話のビデオ通話及びテレビ電話機の普及

携帯電話がハンド・フォン（ケータイ）という名前でさらに親しみやすい機器となり、ビデオ通話導入は瞬く間に実現した（スマートフォン以前のケータイでもビデオ通話が可能だった）。同世代の友人たちに比べて私はケータイを比較的早く持った方だったが、それは音声通話ができない我が家の状況を考えれば自然なことでもあった。

ケータイは当時の値段で百万ウォン（約九万七千円）という高価なものだった。学校と塾、読書室を行き来して外で長時間を過ごす私に連絡するために、母はケータイを買ってくれた。しかしケータイでビデオ通話をするのは大変だった。そのためにかかる料金も料金だったが、画面が小さく顔と手が見づらかったからだ。当時聴者の間でビデオ通話機能を使用する人はあまりいなかったため、私が道端でケータイのカメラに向かって手を動かすと、みんながじろじろと見るのだった。

母はビデオ通話を好んだが、私はメールの方がずっと楽だった。母もまた家に帰れば、ケータイの代わりに固定のテレビ電話機を使った。聾啞者協会を通して普及していたテレビ電話機は、ろう者たちが場所や料金にとらわれず、思う存分おしゃべりできるようにした機器であった。

もちろん彼らの表情と動作を生き生きと映し出すには、画面がとても小さくスピードも遅かった。両親はそれを、両手で目の前の視野を覆う手語で、「霞む」「よく見えない」と表現した。

「ボラのお母さん、メールも送れるの？　すごい《チャン》！」

友人たちは両親とメールのやりとりをする私を見て、親指を立てた。両親はどこに出かける時もケータイを持ち歩いた。一週間に一回やっと会って、終電がなくなるまで一日中手と表情で一週間の話をし合うというろう者間のエピソードは、文字通り昔話になっていった。

二〇一二年：スマートフォンの登場

——スマホって何？　良いんだって。
——待って。ケータイ変えてビデオ通話するから。

当時私が使っていた電話は二台だった。スマートフォンが発売されると、周りの友人たちは我も我もとスマートフォンを購入していたが、私は依然としてスライド式のケータイにこだわっていた。本当は私もiPhoneがほしかった。しかし問題は母だった。iPhoneを買うことになると、母とビデオ通話ができなくなるのだ。

iPhoneのビデオ通話、つまりFaceTime機能は、アップル製品同士でのみ可能な機能だ。メールでも簡単なコミュニケーションは可能だったが、それはただ「ご飯食べた？」「いつ帰ってくるの？」「今どこ？」などを尋ねる時のみだった。母と私はメールをやりとりしていても、互いが何を言っているのかもどかしくなって、すぐビデオ通話のボタンを押すことがしょっちゅうだった。

そんな悩みをうちあける文章をSNSに上げると、知人の一人が、それならケータイを二台使ったらどうか、自分が使っていないものを一台あげようと言ってくれた。普段はiPhoneを使って、両親とビデオ通話をする時はシムカードを入れ替え、もう一台のケータイを使えばいいのではないかというのだ。面倒だが、iPhoneを使うためには仕方がなかった。ところが、急に母もやっぱりスマートフォンを使いたいという意思を表明したのだ。スマートフォンは非常に高かった。「0円ケータイ」の乗り換えを繰り返していた両親には、かなりの負担になる金額だった。それでも二人はスマートフォンを購入すると言った。

「本当に？　本当にスマートフォンを使うの？　ちゃんと使える？　使い方、知らないじゃないの」

半信半疑だった。スマートフォンが無用の長物になったらどうするのか。使い方を覚えられなかったらどうするのか。そんな高価なものをなくしたりしたらどうするのか。自分の財布をはたいて買うわけでもないのに、私はとてももったいないと思った。

画面が大きいスマートフォンを二台選んだ。そして私の心配は杞憂に過ぎなかったことを数ヶ月後に知ることとなった。ろう者は誰よりも「スマート」な人たちだ。両親の方が私よりもスマートフォンをよりスマートに使った。いつどこでも場所を問わずインターネットを通してビデオ通話をし、リアルタイムでチャットをし、グループでチャットルームを作って互いに自分の表情をスタンプを使って伝えた。スタンプだけで返信し、会話が可能だったのだ。唇の代わりに顔の筋肉を動かしコミュニケーションをするろう者の世界では、スマートフォンはまた別の方式で機能した。そのようにスマートフォンは、ろう社会と聴社会の境界を崩すことをやってのけていた。

近年、スマートフォンとアプリケーションの進化により、ボタンを一押しすれば、短い動画を送り合えるようになった。表情と手語によって簡単な質問を交わすことができる。

3 私はただ「ボラ」でありたい

ドイツ映画『ビヨンド・サイレンス』の主人公ララは、私のようにろうの両親のもとに生まれ、自然に手語と音声言語を習得した「コーダ」である。ララは妹が生まれるまでは家族で唯一言葉を話し聞くことができる子どもだったので、いつどこに行っても両親の通訳をしなければならなかった。ある日母親がララの学校にやって来て、早退して銀行に行こうと言う。ララは銀行で積立金の中途解約に関する通訳をまかされるが、返ってきた答えは「難しい」だった。ララは腹を立てる両親に、解約はできないそうだと言わなければならなかった。また保護者面談でララは、音読がうまくできず授業についていけないことを自ら伝えなければならないという、耐えがたい状況にぶちあたる。

私は、そんなララの苦しい立場を充分理解できた。そしてララの両親の気持ちもまたよくわかった。ララは、他の誰でもない「ララ」でありたかった。一方ララの両親は、娘が自分たちのそばにいてくれることを願った。しかし、ララはクラリネットを習いたかったし、大都市に出ていきたかった。ろう者である両親はそんな娘を簡単に理解することができなかった。聞こえる世界と聞こえない世界は、衝突するしかなかった。

私もまた他の誰でもない、ろう者イ・サングクとろう者キル・ギョンヒの娘ではない、ただの「ボラ」でありたかった。いつどこに行っても、両親は耳が聞こえないとまず最初に言わなければならないこと。臆することなく明るく堂々とした顔で過ごさなければならないこと。もし誰かが私たちを否定と憐れみの目で見たら、両親より先にそれに気づくこと。誰かが気分の悪い言葉を投げかけてきたら、それを通訳せず私のところでふるいにかけること。そしてそれに対して絶対に腹を立てたり泣き出したりしないこと。両親には世間の否定的な声や悪口を絶対に伝えないこと。

私はそのすべてのことから抜け出したかった。父と母の世界を愛していたが、一人で背負うにはそれらはあまりに重かった。障害の有無とは関係なく、世の中の偏見とは何の関係もなく、ただ「私」でいたかった。

口で話す人々

私は別の地方の高校に入学した。そうすることによって、誰かの娘ではない、東山《トンサン》高校一年三組のボラ、NGO活動家あるいはドキュメンタリー監督を夢見るボラになることができた。

私は他の世界を知りたかった。子どもの頃テレビで出会った海の中の世界に興味があったし、その中の体系と秩序を知りたかった。私たちと似た顔つきをしたチベットの人たちは、独立を願い焼身自殺をしているというが、実際に彼らはどんな文化の中で生きているのか、直接会ってみたかった。本で出会った世界の多くの紛争地域は、宗教と人種間の葛藤で激しく対立していた。私はその場所でつらい思いをしている人たちのそばにいてあげたかった。自分と違う人生を歩んできた人たちの世界が知りたかった。

それで進路・進学相談をした。だが、大人たちはこう言った。

「ボラ、ドキュメンタリー監督になろうと思ったら、数学の問題を一生懸命解いて、英語の単語をひとつでも多く覚えて、高校を優秀な成績で卒業しなければだめだよ。そして『良い』大学に入ってがんばってスペックを上げてから言論考試（マスコミ志望者のための試験）の準備をし、放送局に入社したらアシスタント・ディレクターになって、何年間かまたがんばって仕事をすれば番組ディレクターになれるよ」

おかしいと思った。私は「良い」ドキュメンタリー監督になりたかった。同時に「良い」活動家になりたかった。ところがそうするためには、今すぐ数学の問題を解いて英語の単語を覚えなければならないと言う。それもまたドキュメンタリー監督になるひとつの道だろうが、私はもっと正確ではっきりとした道があるはずだと信じていた。彼らがその場所でなぜ、どのように苦しんでいるのか取材すること、彼らがおかれた現実はどのようにして作られたのかを理解し見抜くことがまず先だという気がした。

だから学校をやめた。通学かばんの代わりにリュックを背負い、彼らの世界に入っていった。学校は行きたければまた通うことができるが、私の十七、十八歳の時間は決して戻ってこないのだ。十七歳で出会うインド、十八歳の時に歩くネパールは、たった一度だけなのだ。私は今まで夢見てきた、本の中だけに存在していた、しかし最も輝いていた東南アジアの人々の世界に足を踏み入れた。

別の文化に出会う

興味深いところだった。道を歩く度に本で読んだ風景が目の前に広がった。インドの人々は朝チャイを飲むことで一日が始まると言うが、いつの間にか私もチャイを一杯飲まなければ一日をスタートできないと現地人の如く言うようになっていた。

インド北部に行き、チベット亡命政府がおかれているダラムサラでひと月過ごした。チベット難民の子どもたちの面倒をみる託児所でボランティア活動をしながら、チベットという文化に身をもって接することができた。彼らの生活を見て聞いて体験することは、本で読むのとは画然たる違いがあった。身をもって学ぶ経験は頭でする勉強以上にわくわくするということを、旅行を通して知った。

しかし、親たちは心配した。私に会えないということ自体が彼らには恐怖だった。自分の娘が元気なのかを二つの目で確認することは、両親にとって何より重要だった。姉さんは元気だと弟グァンヒが言っても、「お母さん、私は元気だよ」とEメールを送っても、彼らは信じることができなかった。彼らの人生において「目で確認できないこと」は「信じることができないこと」とイコールだったからだ。

誰かにろう者はなぜそんなに頑固なのかと聞かれたことがある。疑い深いと言う。他の人が話すことをたやすく信じない傾向があると。しかしそれは父や母の世界では当然なことだった。ろう者は多くの情報を視覚を通して得る。聴者が視覚に依存するよりもっと依存度が高い。聴者は世の中に飛び交う情報を音を通して得るが、ろう者はそうではない。私は皿洗いをしながらニュースを聞きうなずくことができるが、母は皿洗いを終えテレビの前に座ってようやく、ニュースに接することができる。

しかも、母はニュースに手語通訳がついていない場合、その内容をきちんと拾い取ることは難しい。韓国語字幕では文章自体を正確に理解することができないからだ。したがって、彼らは多くの情報を手語を通して得る。ろう者の友だちがしてくれる話、「そうらしいよ」というようなろう者だけの「カドラ通信」*に依存することになるのだ。まるで私が言語も文化もわからない外国にぽつんとおかれたら、韓国人たちがくれる情報をすっかり信じるように。

それゆえ、両親は詐欺にも何度も遭った。ろう者の友だち同士で一緒に契《ケー》**に参加していたことがあるのだが、仲介していた人が契《ケー》で集まったお金を持ち逃げした。当時のお金で一千万ウォン（約百万円）ほどの額だった。我が家は大変なことになった。小学校低学年の頃のことだが、その事件を正確に記憶している理由は、その過程もまた私が通訳しなければならなかったからだ。

「お父さんとお母さんが詐欺に遭った。それも一千万ウォンも」

私は巻き込まれたくもなかったし、考えたくもなかったが、それを理解しなければならなかった。それでも母は仕方なく契《ケー》に参加した。銀行で借り入れをするのが難しかったからだった。

両親はちゃんとした職場に通ってもおらず、収入も一定ではなかった。韓国でまともな教育を受けることもできなかったため、いわゆる安定した職場に就職することはできなかった。だから父、母をはじめとするろう者は、第一の金融機関である銀行で借り入れをすることが難しく、友人同士の間で借りた。口で話す大人たち、私が知っているそういう大人たちは、「友人間でお金を借りてはいけない」と言ったが、父と母は友人同士でお金を借りては返し、貸したりを繰り返した。

母は心からのメールを私に送ってきた。私が帰ってくるのを首を長くして待っていた。娘がインドのどこかで拉致でもされているのではないか、ご飯はちゃんと食べているのか、バス事故などに遭っているのではないか。父と母は私に毎日写真を撮って送るように言った。私は安全に歩き回ることも、多くのことを経験し学ぶことも重要だったが、両親に自分の写真を送ることも欠かさなかった。他の旅行者たちは国際電話ブースに入るとなかなか受話器を置かず話していたが、私は特に電話をする相手はいなかった。そして受話器の代わりにキーボードに手を置いた。

20××年×月×日午前12：02

＊【カドラ通信】「〜らしいよ」という、根拠、出処のはっきりしない話、噂を示す俗語

＊＊【契《ケー》】知人、近所などのグループで、皆が一定の金額を出し合い管理し、メンバーがそこから必要な時に必要な額を使うことができる、頼母子講《たのもしこう》のような相互扶助の集まり。ろう者に限らず民間で広く行われてきた

受信者：bora lee
タイトルなし
ボラ、今日ボラとグァンヒに会いたくてたまらない。お墓に入りたいよ。生きているのがだんだん嫌になってきた。

私が本能的に望むこと

家を出、旅に出た私は、「十七歳の旅行者ボラ」だった。ところがみんなは私にしきりに聞いた。

「ボラはなんでお母さんに電話しないの？　それでいいの？」

「あんたはしゃべる時、手をすごくよく使うね。表情もそうだし」

そんな時はいつも仕方なく両親の話をしなければならなかった。それを説明するためには、私自身だけでなく、私のルーツについても話さなければならなかったのだ。

「ボラはどうやってその人たちと言葉が通じるの？」

私はよく多国籍の人たちの中から一番初めにろう者を見つけ出した。嬉しくなってその人に駆け寄り、私の両親もろう者だと韓国手語で言うと、その人はインド手語で話しながら嬉しそうに笑った。ろう者は視野が広く目端が利くというが、子どもの頃から手語を覚えた私もまたそんな特性を持っていた。視覚に多くを依存する手語を使うため、誰より視覚の変化に敏感だった。

また音にも敏感で、実際に可聴周波数域が同年代の人たちと比べて広い方だった。大学で「サウンド入門」の授業担当の先生に聞いてみたところ、うるさい、大きい音を、比較的小さく聞いて育ち、音楽にも遅れて接したことがその理由だろうと言っていた。我が家では音を消してテレビを見ることが多かった。私と弟は、音を聞くことはできるけれども、音がない環境に慣れていたのだ。家では誰も音楽を聴かなかった。一緒に映画館に行くこともなかった。まさに沈黙の世界だった。しかしそんな沈黙の中で、手語で語り、話に花を咲かせた。

ときには話の途中から、知らず識らずのうちに〈手話〉を混じえてしまうのだが、これは〈手話〉が、〈手話〉を学んだすべての人間にとって（第一言語として）自然なものであり、発話をしのぐことさえある本物の美点と長所をそなえているからにほかならない。

（オリバー・サックス著、佐野正信訳『手話の世界へ』晶文社、一九九六年）

手がむずむずした。十七歳で東南アジアを旅行した時も、十九歳で大学に入学しソウルに上京して勉強していた時も、私は度々喉が痛くなった。人々と大声で話をし、うるさく騒いだ。人も車も多い都市は、話す人であふれかえり、あらゆる騒音でいっぱいだった。私はもうこれ以上「両親は聴覚障害者なんです」と言う小学生のボラでなくてもいいのだ。もう母と一緒に銀行に行かなくても、母の代わりに引っ越し先の家の保証金について尋ねなくてもよかった。

私は家を出ると同時に自分一人で充分に存在していけるだろうと信じていた。ところが、唇の代わりに眉と指を動かす会話がしたくなる時があった。そんな時は母にビデオ通話をかけたが、それだけでは充分ではなかった。カフェで誰がより大声で話すかを競って会話するのではなく、眉を上下に動かして返事をすること。私があなたの話を聞いているということを、「うん」という相づち一言ではなく、相手の目を見てうなずいて表現すること。電話でけんかをするのではなく、目を見て手を動かしながら論争すること。そういうことがしたかった。頭ではなく体が、本能的にそれを欲した。

けれど、視覚言語と音声言語というまったく異なる言語を母語としているため、私のなかではかなり特殊な言語運用状況が生まれているのではないかと思っています。(中略)

先日、母に私をどのような気持ちで育てたのか尋ねると、「あなたをろう者として育てて

きた」との答えが返ってきました。（中略）私たちコーダは、その能力として耳は聞こえるし手も動きます。好むと好まざるにかかわらず、生活のいろいろな場面でその能力は発揮されますが、特に視覚言語である手話を見るときにそれが著しく発揮されます。例えば、音声言語で生活してきた人には見えない小さな違いがはっきり見えるし、複雑な手の動きであってもその動きが軌跡として残り、しかも、それがコンピューター・グラフィックスのように映像がどんどん書き加えられて行くのです。

（『ろう文化の理解』聾啞社会情報院、二〇〇二年。日本の原典は月刊『言語』29巻7号
丸地伸代「ろう者と聴者の間で—CODAという名のマイノリティ」
大修館書店、二〇〇〇年）

しかし、周囲はすべて口で話す人ばかりだった。音声言語も使い手語もともに使ったら、世の中はどれほど静かだろうか、どれほど美しいだろうか。会話をしていると自然とそんな気持ちになった。言語の経済性に従って、音声言語ではなく手語を使用した時、より効率的な状況があった。話し言葉をずらずらと並べたててやっと説明できることが、手語を使えば三次元の空間と顔の表情を同時に使用し、一遍に伝えることができる状況があったのだ。

その度に音声言語がどれほど非経済的な言語かと思わざるを得なかった。道ばたで偶然に出

会ったろう者は旋律に合わせるように手を動かし、俳優が演技するが如く表情をバラエティー豊かに使用した。私は彼らを見かけて、体の筋肉がむずむずするのを抑えきれず、彼らに近寄った。

「私の両親もろう者です。お会いできて嬉しいです！」

映画『ビヨンド・サイレンス』で主人公ララは、手で話す人たちを見て嬉しくなって彼らについて行く。私もララのように彼らの後をついて行った。言葉を話す人たちの間にいる中で、自然と自身のアイデンティティに問いを投げかけていた。心の中に大きな波が立った。

4 私が足を踏み入れた世界と結婚

大学生の時、私はタイ語を勉強するため、他大学に交流修学制度*を申請し、そこで彼に出会った。彼は職業軍人だと自身を紹介した。

「正確に言うと、二年間外国語教育課程として学校に通っているんです」

サワディーカー。彼と私はタイ語を勉強しながら仲良くなっていった。旅行しながらサバイバル・タイ語を習得してきた私は、授業を受けて初めてタイ語になんと五つもの声調があるということを知った。タイ語を一文字も書くことができず、やたらと進度の速い授業について行くのも大変だった。発音は知っていたが一文字も書けないので、タイ語のアルファベット「コーガイ」「コーカイ」という子音から覚えなければならなかった。

ネイティブの人が講師をしていたその授業には知り合いが一人もいなかったため、彼の助け

*【交流修学制度】単位交流の協定を結んでいる大学、大学院同士などで講義を受講できる制度

に全面的に依存するほかなかった。そうして私たちは次第に近づいていった。

芸術大学に通い、文章を書き、映画を作っている私を彼は珍しがり、私は軍人を生業とする彼に興味が湧いた。彼が属する世界にはその世界だけの秩序があり、私はそれを聞くのが楽しかった。

彼と出会って数日後、祖母に電話をした。

「おばあちゃん、私、彼氏ができた」

「そうかい。何をしている人だい？」

「軍人。職業軍人だって」

「それでその人に、お前の両親は障害があるってことを言ったの？」

「うん。もちろん」

私は平然と答えた。

ドラマのワンシーンのように

最近はどうしているのかという母の問いに、私は彼氏に結婚しようと言われたんだと伝えた。

母は驚いて目を丸くした。

「あのね、お母さん。私も出会って二、三ヶ月ぐらいしか経ってないから戸惑ったんだけど、考えてみたらいいんじゃないかと思って。あの人は軍人だから早く結婚したいんだって。もちろん私はアメリカに、大学院に行こうとしてたけど、一緒に暮らすのも悪くないなと思うの」

母は首を左右に振った。私の夢を叶える方がずっと大切だというのだった。しかし私は毎日のように結婚しようという彼に慣れてしまっていた。職業軍人は早く結婚するのだと母に手で話した。母はそんな話をするのはまだ早いからもう少し考えなさいと言った。

結婚とはどんなものだろうか。してしまえば安定するものだろうか。私は結婚している友だちに会うと、実際人生がどう変わるのかについて尋ね、結婚していない友だちには、彼に結婚しようと言われたという話を打ち明けた。

大統領選挙が近づいたある日、彼と私は互いに違う候補者を支持していることがわかり、それは大きな論争へと広がった。彼は自分が知っている大部分の人がその候補を支持していると言う。私はその反対だった。

「私が好きな人が、私と違う候補を支持するなんて。まあ、そういうこともあるか」

ところが問題はそこで終わらなかった。デリケートな事件が起こる度に、彼と私は完全に反対側に立っていた。

彼は私にドキュメンタリー制作を続けるのかと聞いた。

「うん、続けるよ。結婚したら、私は海軍基地のそばで暮らすんだろうけど。いずれにせよずっと現場を行ったり来たりしながら作業するつもり。文章も書くし」

私は一寸の迷いもなく答えた。大統領選挙の日になった。私は彼が誰を選んだのかとても気になったが、もしかして私と違う人を選んだのではないかと思うと怖かった。だから彼に誰を選んだのか聞かなかった。私は震える心で開票結果を待った。

「僕が誰を選んだのか、なんで聞かないの?」

「あ、うん……。あなたの家族はみんなそっちを選んだって言ったじゃない。しょうがないよ。立場が違うんだから」

私はうなだれた。すべてが私と同じわけはないが、寂しかった。

「国防政策はちょっと残念だけど、でもあの人はちゃんとやってくれそうだから、君が支持する候補を選んだよ」

彼は私の肩に手を置いた。嬉しくなった。天安沈没事件*も、済州島江汀村《チェジュドカンジョン》の海軍基地建設問題についても、彼は相変わらず私と違う立場を固持していたが、私たちはそういう問題について討論し議論しながらも、心を寄り添わせることができる間柄だった。私たちは政治的に意見を対立させたりしたが、ある程度の時間が過ぎれば関係を回復する、ということを繰り返した。

秋学期が終わる頃、私の恋愛も問題なく進んでいた。外は寒く、部屋は暖かい、そんな季節だった。私は急いで家に向かった。寒さに身を縮めて家に入ると、彼が座っていた。

「いつ来たの？　来てたらまず電話でもすればいいのに」

彼はうつむいて座っていた。私は着替えも途中で彼のところに行った。机の上に一枚の紙がのっていた。

「これ、何？」

彼は何も言わなかった。私と目を合わせようとしなかった。紙には黒いペンで文字がぎっしり書かれていた。

僕は早く結婚したい。派遣勤務に来ている間に結婚相手を見つけるのが僕の目標で、お見合いもしたし合コンもしたが、君と出会えてどれだけ幸せかわからない。だけど、平凡な僕が平凡でない君とつき合うことは、難しいことなのかもしれないと思う。君も知っているように、僕の両親は君との結婚に反対しているだろ？　君のご両親の障害の何がそん

＊【天安沈没事件】韓国哨戒艇沈没事件。北朝鮮の魚雷により韓国海軍の哨戒艦「天安」が撃沈された

なに問題かと両親に言ったけど、どうにもならない。僕は両親を見捨てなければならないのだろうか。それほど君は僕との結婚を真剣に考えているのだろうか。あれこれと考えることが多いこの頃だ。短期研修に行く前にこの関係をもう少しはっきりさせたいと思うんだ。どう思う?

「それで、何をどうしようっていうの?」

私は彼に聞き返した。

両親が唇の代わりに手で話す人たちということは、彼に初めて会った日にした話だった。私を説明するためには、父と母のこともまた説明しなければならなかったため、それは自然なことだった。他の人たちが「うちのお父さんとお母さんは会社員なの」と言うように、私は「うちのお父さんとお母さんは聴覚障害があるの」と言った。

私は手紙を最初からもう一度読んだ。もしや読み飛ばしたり誤解している部分があるのかと確認したかった。手紙にどうしたいという言葉はなかった。私とこのままつき合いたいということなのか、別れたいということなのか、そんな内容ははっきり書かれていなかった。

私は彼に、私と今別れたいのかと聞いた。彼は首を横に振った。

「ちゃんと説得すればいいことだから、今はこういうの、やめようよ。ご両親はろう者についてよくご存じないからだよ。ろう者に一度も会ったことがないし。私のお父さん、お母さんに会えば、お気持ちも変わるはず」

私は彼をなだめた。もう一度ちゃんとやり直そうと言った。彼はうなずいた。だが、それからしばらくして、彼は別れようと言った。ご両親が強力に反対しているというのだった。

「ねえ、聞いてよ。理由がうちの両親の障害のせいだと言うなら、絶対別れない。だってそれは絶対に問題にも理由にもなり得ないもの」

私は一言一言に力を込めて言った。

祖父と祖母の話

父方の祖母は病室にいた。口腔癌と肺癌で何度も手術を受けてきた祖父の付き添いのためだった。祖母は人の多い病室で服を着替え、売店でかぼちゃ粥《ホバクチュク》を買ってきては祖父に食べさせていた。そんな中祖母にとって慰めになることがひとつあったとすれば、私に電話することだった。

「しょっちゅう電話して愚痴をこぼしてごめんよ。他の人たちは、息子や娘が来てお小遣いもくれて、代わりに付き添ってくれているのに、うちは子どもたちが誰もそんなことしてくれないから」

祖母はごめんという言葉を延々と言い続けた。電話を受けられない父と叔父の代わりに、長男の嫁である母の代わりに、私は祖母の電話を受けた。そうやってでも祖母は一日分のため息を吐き出さなければならなかった。

「お前、ところで前に結婚すると言っていた男とうまくいっているのかい？」

祖母が尋ねた。

「え？　う、うん……」

私は言葉を濁した。

「その人はいいと言っても、両親がだめだと言うこともあるよ。だから、その人と深くつき合う前に、それを確認しないといけないよ。そうしないと後で大変なことになる」

祖母は私が話していないのに、恋愛の進行状況を知っていた。さらに不思議なことに、同じ頃、母方の祖母もまたそんな話をしたのだ。

「結婚する時期になっても、お前の両親に障害があったら、それは易しいことではないよ」

私は、自分が結婚することと両親の障害に何の関係があるのかと鼻で笑った。しかし二人の祖母たちはそろって、そうじゃないと否定した。

「そうね。軍人だっていうから安定していていいね。私もお前のじいさんと暮らして今まで年金をきちんきちんともらえているじゃないか。それがどれだけ重要か。じいさんもお前が軍人と結婚すると言ったらとても喜んでいたよ。じいさんも大尉で除隊しただろ？　良かったって、顔を見たいって言ってるよ」

祖母はそろそろ病室に戻らなければと電話を切った。祖母に実は問題があると言いたかったが、祖父の話が出たとたん口をつぐむしかなかった。

祖父は元軍人で、学校の軍事教練の教師だったのだが、軍人と言えば手放しで喜んだ。弟グァンヒが軍隊の休暇で出てきた時、軍服を着ている姿を見てとても喜んだのもそのひとつだった。弟は、普段は無口な祖父が急にいろいろ聞いてきて面食らっていた。しかしそれでも弟は、祖父と共感できることがあるのは幸いだった。祖父は、自分の息子が二人とも軍隊に行けなかったことが一生の恥だと思っていた。

祖父は、田舎娘な上に背も低く器量の良くない、その上障害児を二人も産んだ祖母を恥じていた。それで祖父は祖母と離婚する計画を立てた。しかし、お金がなかった。その当時ベトナム戦争に行けばお金をうんと稼げるという噂が広がっていた。祖父は派兵申請をした。

「じいさんはベトナムから帰ってきて、軍人を続けようとしたんだけど、進級できなかったんだよ。だから辞めて家を建てる仕事をしたんだ。ところが商才がなくてうまくいかなかった。私が教練の教師の仕事を見つけて申請しようと言ったのさ。それで今、年金がもらえているんだよ」
ベトナムから帰ってきた祖父は、そこでどんなことがあったのか、ただの一度も語ることはなかった。祖父は祖母と離婚しなかった。代わりに教練教師をしてまじめに生きてきた。祖父の生涯は「勤勉」という単語をおいては説明することはできなかった。毎朝山に登り、数日分の薬水*を汲んできて、欠かさず掃除をした。そんな祖父に青天の霹靂《へきれき》とも言える知らせが伝えられた。癌だった。

祖父の癌は口腔癌だったが、遺伝性のものではないという。祖父は暑かったベトナムの空気を疑った。そこにともに行ってきた人たちは、見かけは健康そうに見えるが少しずつどこかが具合悪いという話が聞こえてきた。それは様々な病名に分類された。祖父は悔しい思いで病院を訪ね、正確な診断を要求した。自分になぜこんなことが起こるのか、自分は生涯勤勉に生きてきたのに、なぜ死ななければならないのか。祖父は病院で発給された証明書を国家報勲処**に提出した。

かなり長い時間が経って、家にずっしりと重い表彰盾がひとつ届いた。祖父はそれを自慢気にリビングに飾った。「ベトナム参戦」「傷痍軍人」という文字が大きく書かれていた。息子二人は軍隊に行けなかった。また教練教師をして授与された大統領の賞状二枚も壁にかけていた。祖父イ・ウヌはそうやって自分の人生を証が、あなたは誇らしい軍人であり教練教師だった。祖父イ・ウヌはそうやって自分の人生を証明したかったのだ。

祖父と、私の結婚

久しぶりに病室を訪ねると、祖父はうなずきながら私を迎えた。父と母は私か弟を連れて病室を訪ねた。どのみち祖父は口腔癌の手術で発音がまともにできない状態だったが、両親は祖父と共通の言語を持っていなかったためだ。

私は祖父に何も言えなかった。大学には通っていて、休学を二年もしたが、それでもまたちゃんと通っているから心配しないでと、声に力をこめて言った。孫の中で一番勉強ができた私に祖父は内心とても期待していた。しかし私が高校を退学すると、祖父はその期待をすべてしまい込んでいた。

それから何年か過ぎ、私が旅の道すがら路上で学び成長していった一連の経験を本にして出版し、大学に入学すると、祖父は孫娘が通う学校の名前を一生懸命覚えた。そして新聞やラジ

＊【薬水】薬効があると言われている湧き水

＊＊【国家報勲処】退役軍人などの国家功労者やその遺族の支援を司る国家機関

オでその大学名が出でもすれば、祖母に「ボラの行っている学校の教授がラジオに出ていた」と言って喜んだ。

私は祖父に何かしてあげたかった。余命幾ばくもないという。大学を卒業するとか、ちゃんとした職業に就くとか、弟が大学に入学するとか、祖父と祖母が他の人に自慢できるぐらいの何かを言ってあげたかった。

「おじいさん、今日は海軍の彼氏は一緒に来られなかったの。一緒に来たかったんだけど忙しいって。今度伺いますからどうぞお元気でいらしてくださいって」

祖父は彼の階級を聞いた。

「大尉だって。おじいさんも大尉だったんでしょ？」

祖父はそうだよと笑った。私は祖父が亡くなる前に必ず彼を祖父に会わせなければと、できることなら結婚する姿も見せたいと思った。おそらくそれが、私にできる最後の贈り物なのではないかと思った。実は彼は駐車場にいた。大田《テジョン》の近くに来たついでにちょっと会って行こうよという私の言葉に、彼はまた今度にすると言った。

しばらくして祖父は息を引き取った。

祖父が亡くなる何日か前、私は危篤だという電話を受け、大田に向かった。祖父は苦しそうに息をしていた。

「一人ずつ、最後におじいさんに言いたいことを言いなさい」

祖母は涙をぬぐいながら言った。私も涙が出た。それをぬぐいたかったが、私は通訳をしなければならなかった。父と母は今がどういう状況なのかを知りたがっていた。伯母たちがまず声をかけた。私は生まれて初めて父が泣く姿を目撃した。父は呼吸器をつけた祖父の前に立った。その手が空《くう》を切った。祖父は目を閉じたままそれを見つめているようだった。

「おじいさん、サングクが、お疲れ様でした、ありがとうって。今まで育ててくれて、愛してくれてありがとうって。心安らかにお眠りくださいって」

私は父サングクが話すことを、叔父サンウォンが話すことを、母ギョンヒが話すことを、口で伝えた。祖父は微動だにしなかった。呼吸器で延命処置をしていたが、息が徐々に弱くなっていった。祖父の足は冷たかった。医者がやってきて呼吸器を外し、もうお見送りする時間だと言った。そうして祖父は息を引き取った。

葬儀が執り行われている間たくさんの人たちがやってきた。サングクとギョンヒの結婚式の時のように、叔父サンウォンの結婚式の時のように、手で話す人と口で話す人が行き来した。祖母と伯母たちは口で話す人を迎え、父と私、叔父は手で話す人を迎えた。そのように多くの人たちが訪れたが、肝心の彼は顔を見せなかった。彼が来ていたら、祖父がこの世を去る道中でも喜んでくれただろうに。私は葬儀場の前で彼に電話をかけたが、彼は行けなくてごめんと言うばかりだった。

葬儀を終えソウルに戻ってくると、彼は私に別れようと言った。両親が君にどうしても会いたくないと。君のお父さん、お母さんに障害があるからだと。僕は君を愛しているけど、僕たちは結婚することはできないと。私はどうしてそれが理由になるのかと大声を出したが、彼は首を横に振った。絶対負けるわけにはいかなかった。ずっとこれと闘ってきたのに。家を出てからはもう、私はこれに苦しめられることはないだろうと思っていたのに。私はもう二十二歳なのに。私が結婚するのであって、親が結婚するわけじゃないでしょと、彼に聞き返した。

私は彼の腕をつかんだが、彼は無理なんだと声を上げた。絶対に負けたくなかった私は、できる限りのことはすべてやった。何度も引き留めること。彼をもう一度説得すること。もう一度彼を訪ねていくこと。そしてとうとう、できることは全部やったと思った時、私はこの状況を受け入れることにした。

成人になったのだから、これ以上両親の障害と、世間の偏見とぶつかることはもはやないと思っていた。しかし、それは青少年期とはまた別の姿で私に訪れるのだということを、少し遅れて知った。誰よりも世の中のことをよく知っている二人の祖母は、いつか暗礁に乗り上げるだろうと何度も警告していたのだが、私はそれを全く信じていなかった。

「今の世の中、そんな昼の連続ドラマみたいなこと」

手語を話す母の表情と父の豪快な笑いが世の中で一番美しいものだと信じていたが、口で話す人々の偏見にぶつかる度に、いつも体に擦り傷が残るような思いだった。父と母に、障害のせいで別れたとは絶対に言えなかった。私は心を落ち着かせ、口を固く結んだまま、再び日常に戻っていった。文章を書き、映画を撮らなければならなかった。

五章

コーダ、そして新しい始まり

1　口で話すろう者と出会う

多くの人で賑わう街を歩いていると、最初に発見するのは唇の代わりに手で話す人たちだ。そこが韓国でも、東南アジアでも、北米でも、中央アジアであろうとも。友だちと話しながら歩いている時にも、映画館で映画を見る時にも、私は誰よりいち早くろう者を見つけ出した。ある人は細かな顔の筋肉を動かしており、ある人は唇の代わりに腕を動かしていた。ぎこちない発音で、ある単語を発音していたりもする。私はそんな瞬間瞬間を自然に通り過ぎながら、「あ、あの人、ろう者だ」と振り返ったりした。口で話す人たちの中で、聴者であふれた社会で、ろう者に出会うことはとても嬉しいことだった。

両親と離れて暮らしてからはなおさらだった。出会う人すべてと音声言語で会話し、音声言語で行われる講義を聴き、音声言語の映画を見、音声言語を使う人が主人公として登場する本を読み、あらゆることを音声言語中心に思考した。

しかし、その間には底知れぬ空虚感があった。あえて話さずともわかること、相手の表情が何を意味するのか、眉のわずかな震えにはどんなメッセージが込められているのか、相手が今どんなことを考えているのか。音声言語では説明するのが難しい瞬間に出会う度に、私は父と母の世界を思い出した。

そんな中、大学で、障害学生特別入学制度を使って三人の聴覚障害学生が入学するという知らせを聞いた。嬉しくなって、障害学生支援センターに電話をかけた。三人の中に手語を使う学生がいるのか気になったからだ。それならば私たちは同じ授業を受けることができるし、相手が聞こえない領域を代わりに私が手語で通訳してあげられるだろう。私はわくわくしながら障害学生支援者に応募した。

だが、新しく入学した学生は皆、手語ではなく口話を使用するろう者だった。本当は手語通訳サポートをしたかったのだが、代筆サポートでも大丈夫だという意思を伝えた。そうして口話を使うろう者の後輩、イェリンと出会うことになったのだ。

口話を使うイェリン

イェリンは小柄なかわいい子だった。私たちは障害学生支援センターを通して互いの連絡先を受け取り、開講の最初の週に美術学部で会うことにした。私は学校に長く通っている映像学部の四年生で、イェリンは美術学部造形芸術学科に入学したばかりの一年生、十八歳だった。

「こんにちは。私がボラです。もしかして手語ができますか？」

私はイェリンに会うやいなや唇と手を同時に動かした。イェリンは首を振った。私が口を開いて話す度に、イェリンは私の唇を読み雰囲気で脈絡を推測する言語、口話を使った。イェリンのために私は話すスピードを少し遅くし、発音も少しゆっくりしようと努めた。難しい単語よりは聞き取りやすい単語を使った。両親について出かけた時、たまに口話と手語を同時に使用する人たちに会っていたため、さほど難しいことではなかった。

しかし授業が始まると、すぐに難関にぶちあたった。授業の内容を代わりに聴いてその内容をノートパソコンの画面を通して伝えること、画面での字幕通訳自体が無理だったのだ。授業を進める教授の話のスピードは、一般的な音声言語中心の講義と同じだった。教授の質問に答える学生たちの話のスピードもやはり同じだった。だが、そのすべての内容を助詞ひとつ落とさずに、画面に通訳することは一般のキーボードのタイピングでは難しかった。

私は友人たちの間でもタイピングが速いので有名だった。「通訳」についても経験があるため、比較的上手にできると思っていた。きちんとした通訳とは、状況を縮約して伝えるのではなく、話者の言葉ひとつひとつを逃さずそのまま伝えるものだ。そうすれば通訳を受けた人も、他の人たちがワハハと笑う時一緒に笑うことができ、他の人たちがうなずく時一緒にうなずくことができるからだ。みんなが笑っている時、一人のけ者にされる瞬間を作りたくなかった。

だが、ノートパソコンを使った画面通訳環境はそれほど良くはなかった。障害学生支援センターには代筆サポートをするための余分なノートパソコンがなかった。したがって支援者がノートパソコンを自前で持ってきたり、障害学生が準備したりしていた。私は仕方なく、重くてもタイピング速度が速いノートパソコンを持っていった。

さらに大きい問題は美術学部の授業環境だった。新築の建物を使って、ちゃんとした机があり、どこに行ってもたくさんの椅子がある映像学部の建物とは違って、旧館を使っている美術学部は、学生の人数に比べて椅子の数が不足していた。机の表面は美術の作業をしていた痕跡があちこちにあり、パソコンが置きづらかった。そんなところでイェリンが画面通訳を安定して受けられる席を探すことは、思ったより難しかった。その上授業に少しでも遅れれば、良い席は取られてしまう。そうなるとイェリンは授業時間中ずっと、前を見て画面を見て、また前を見たりしながら授業を受けなければならなかった。また、机がとても高く、タイピングのスピードを出すのも難しかった。私は重いかばんに、さらに無線でパソコンとつなげるブルートゥース・キーボードまで詰め込んだ。そうすればノートパソコンはイェリンがよく見えるように机の上に置いておき、ブルートゥース・キーボードは私の膝の上に置き、タイピングのスピードを速くすることができるからだった。ブルートゥース・キーボードをうっかり忘れた日には、いくらも経たないうちに肩が凝ってスピードが落ちたので、仕方なく重いかばんを意地でも持ち続けなければならなかった。

良くない条件の中、最適な画面字幕通訳の環境を維持するために努力したが、私の耳に聞こえる文章をすべて完全に文字にすることはできなかった。キーボードの問題だった。私たちが一般的に使用するキーボードは速記者用キーボードではなかった。法廷で記録用に多く使われている速記者用キーボードは、一般のキーボードよりもっと速いスピードを出すことができる文字配列になっている。しかし、そのキーボードを購入すること自体高い費用を要したし、速記者用文字盤の教育も別途受けなければならなかった。今この状況でそれを買って習うことは不可能だった。

最適な環境は、話す人の横に大きいスクリーンを映し出し、速記者用キーボードを通して、状況を正確に文字言語に通訳することだ。しかし、学校教育の現場ではそんなことはできなかった。学校は、障害学生も自由に芸術ができるよう開かれた学校であると大々的に広告していたが、障害学生の授業環境はそれほど開かれてはいなかった。

私は話のスピードにおされ、一文書き漏らしてしまう度に、イェリンに申し訳ない気持ちになった。だから授業が終わった後もイェリンともっとたくさん話そうと努め、イェリンが理解できなかった文章や単語はもっと易しい単語に置き換えて説明した。

イェリンはこのような代筆サポート制度が小学校の時からあったら、おそらくもっとたくさんのことを学べただろうと喜んでくれた。イェリンだけでなく、大学院過程に入学したパク・ジュソプさんもまた、代筆サポートがあって授業内容をきちんと理解できるようになったと言っていた。

大学の障害学生支援制度は確かに良い制度だった。しかし、限界があった。彼らに聴者と同等の授業環境を提供するためには、改善しなければならないことだらけだった。

いまだ解決されていない問題

私は授業が終わるとイェリンとともに障害学生支援センターに寄った。授業環境がどうなっているのか、イェリンはどう感じているのか、そして支援者である私はどんな限界点を感じているのか、話しに話した。しかし学期が始まっていくらも経たないうちに、担当者が替わると言われた。支援センターのスタッフはたった一名だったが、学校のキャンパスは二つだった。担当者が別のキャンパスに出勤している日は、支援センターに寄っても誰もいなかった。

ところがその担当者が一年の特殊契約が満了し、学期の途中で替わるというのだ。イェリンと私は戸惑ったが、仕方がないですねとうなずいた。幸い、新しく来た担当者は障害女性の分野で活動してきた人だった。イェリンと私は新しい担当者と必要なことと改善すべき点などを共有し、コミュニケーションを取り合った。だが制度自体についての限界は、その担当者にもどうすることもできなかった。イェリンと大学院過程のジュソプさんは、毎回「おかげで授業の内容を理解できるようになってありがたい」と言ってくれたが、個人的には彼らにきちんとした画面通訳を提供できていないという点で申し訳なさを感じていた。

それで学期末に支援センター主催で開かれた「障害学生、障害学生支援者懇談会」で、障害学生代筆サポート制度についていくつかの改善点を話した。だがそれは改善されないまま、すぐに秋がやってきた。

春学期（前期）は私は休学中だったので、イェリンが履修しているほとんどの授業と大学院在学中のジュソプさんの授業の代筆サポートをすることができたのだが、秋学期（後期）は私も自分の授業があるので、講義のスケジュールを合わせることは到底無理だった。私はイェリンに謝った。

「ごめんね。たぶん他の学生が代筆サポートをしてくれるよ。友だちにもいっぱい薦めておいたから。心配しないで待ってて」

しかし、障害学生代筆支援の申請告知が出たのは、学期が始まった後で、イェリンは最初の授業から何週間かの授業を一人で聴かなければならなかった。履修スケジュールが合う学生が見つからなかったのだ。

それからしばらくして、イェリンに代筆支援者が決まったという知らせを聞いた。だが、ある支援者はタイピングのスピードがひどく遅く、またある支援者はノートパソコンがなく、ペンと紙を使って状況を要約して通訳するという。さらには代筆した資料を送ってほしいと言ったら、数週間経ってようやく送ってきたこともあったそうだ。

大きな問題だ。イェリンは他の学生と同等に授業を聴く権利があるにもかかわらず、代筆支援者に気を使わなければならなかった。私は学校側に建議することにした。一学期間ずっとろう者の代わりに聞いてそれを通訳していた代筆支援者として、そして学校の一構成員として、大学総長に手紙を書いた。

学校側に四つのことを是正してくれるよう要求した。一つめは、受講申請期間を前倒しにして障害学生が受講申請した後、その履修スケジュールを公示し、他の人たちが障害学生支援者に申請できるようにすること。そうすれば開講した最初の週からちゃんとした字幕通訳が受けられる。

二つめは、代筆支援者を検証して選定してほしいということ。支援基準として、ハングルタイプ四〇〇打*以上の者が支援をするようになっているが、実際は検証過程がなく、たびたび困った状況が起きていたからだ。

三つめには、専門の速記者を雇用してほしいと要求した。一つめと二つめの事案を補完できる最高の方法は、すなわち専門の速記者を置くことだった。障害学生は代筆支援者に気を使わなくてもよく、最適な字幕通訳を受けることができる。そして四つめは、障害学生支援センターの担当者を正規職に変えてほしいということ。

以降、学校側は数回の議論を行った。代筆支援者の時給は八千ウォン（約八百円）から一万ウォン（約千円）に引き上げられ、専門速記者制度の導入は翌年の予算を確保した後に施行するということになった。最初は半信半疑だったが、障害学生支援センターの担当者の努力と学校側の配慮により、速記者制度が導入された。翌年からろうの学生は、速記者の画面字幕通訳を通して授業の代筆サポートを受けることができた。

また学校側では、幾度かの会議を経て、最終的に瑞草洞《ソチョドン》と石串洞《ソックァンドン》（どちらもソウル市内の地名）の各キャンパスに支援センター担当者二名を配置することに決定した。行政手続き上の問題ですぐに正規職雇用を約束することはできないが、最大限、無期限契約を締結できるようにするという約束だった。私たちの要求と建議が完全に受け入れられたわけではなかったが、学校側でも改善の余地があることを示してくれたため、私たちは手を上げて喜んだ。

二〇一五年九月、イェリンは遠隔支援システムの代筆サービスを受けている。また、同じ学年の友だちが代筆支援者になり、一緒に授業を受けている。遠隔支援システムは、速記者が学校に来る代わりにノートパソコンのカメラとインターネットを使ってリアルタイムで授業を見聞きし、遠隔で字幕通訳をするシステムだ。

その前の春学期は、代筆支援者の力不足のために学校に通うのがつらかったというイェリンは、少しずつ良くなってきていると言った。「障害学生支援センターの担当者はそれ以降も何度も替わったけど、今回来た人は本当に良い人でよかった」とも言っていた。

支援センターの担当者は依然として非正規職員だ。イェリンをはじめとする障害学生は卒業するまでに何度も、自分の耳がどのくらい聞こえないのか、それゆえ何が不便か、自分がどんな性格か、何度も説明しなければならなかった。

口話を使う人たちとその孤独

イェリンは私が手語を使う度にうなずき、それを興味を持って見つめていた。いくつかの単語をまねて習ってみても、手語を話す友だちは一人もいないと言って人工内耳機器のスイッチ

*【ハングルタイプ四〇〇打】文字数ではなく、一分間で打てる打数を指す。例えば、한글《ハングル》の場合ㅎㅏㄴㄱㅡㄹで六打と数える

を入れた。

　イェリンは十二歳の時に周囲の人たちの勧めで左耳に人工内耳手術を受け、右耳には補聴器をつけていた。そしてろう学校ではなく一般の学校に進学し、小、中、高校を聴者とともに通った。イェリンは大学生活に適応するのに苦しんだ。高校のように毎日同じ教室で同じクラスの友だちと授業を受けるのではなく、授業毎に受講生が替わり、教授が替わるシステムに苦労した。一年生が履修する基礎美術教育課程にもまた手を焼いた。授業毎の課題の量が多いだけでなく、人文学の授業で求められるテキストの難易度も高かった。イェリンには特に難しいことだった。

　イェリンは聞くことだけでなく、韓国語の文章の読み書きも難しかった。まさに私の両親と同じだった。イェリンが使う文章は、父や母が使う文章と同じように、完全な文章になっていなかったのだ。私はイェリンに、父や母に感じてきた親しみと同じ感覚を抱いていた。イェリンもこの韓国で少数民族として生きているのだった。

　私は授業が終わると、イェリンに今日受けた授業をもう一度わかりやすく説明し、チャットアプリを利用して、作業についてのアイデアを伝えた。単純に一対一に対応した通訳をするのではなく、それがどんな脈絡の中で出てくるのかをわかりやすく説明してあげることが必要だった。まるで私が父や母に易しい単語を使いながら通訳するように。

イェリンもまた聴覚を通して接する情報が相対的に少なかったため、文章を組み立てるのが難しかった。イェリンが私の両親と違う点を挙げるなら、子どもの頃からインターネットを通して多くの文章と情報に触れてきたため、私の親ほどは文章の読み書きに抵抗を感じないという点だった。

私はイェリンが手語を覚えたらいいのにと思った。口話をいくら一生懸命習っても、内耳に電極を埋め込んで電気で聴神経を刺激して音を感知する人工内耳では、世間が望む「聴者」にはなれないからだ。

私が経験してきた韓国は、少し違うだけでも、お前は「私たち」に属することはできないと線を引く国だった。顔の色が違えば、使う言語が少しでも違ったら、また異性愛者でなければ、腕が一本なかったら、少し足を引きずっていたら、彼らは自分と違う者を他者化し、自分の領域から排除した。人一倍「他者化」に熱を上げる国だった。すべての人が同じではありえないのに。世の中には紫色を好む体の小さい人もいるし、黄色を好む体の大きい人もいるのに。同じサイズに同じ色、同じ服をともに着ることを要求するのが韓国社会だった。そんな社会で、「お前は耳が聞こえないから、手術を受けてその耳を治してから、我々が使う音声言語を使うべきだ」とすることは、暴力以外の何ものでもない。

人工内耳手術はかなり費用がかかるだけでなく、手術後にもお金をずいぶんかけて言語治療を受けなければならない。聴者は自らが認知する以前から「音」というものを聞き、父親や母親の「ほら、ママって言ってごらん。ママ」という声を聞くことによって、「言語」を自然に習得する。だが、人工内耳手術を受け、人生のある瞬間から音というものを聞くことになるろう者は、聴者の子どもたちが小さい時からしてきた声、すなわち音声言語学習の時間を、人生の途中から始めなければならない。しかもそれはうまくいった場合の話である。

この手術はまだ正確に検証されておらず、人によってさまざまな偏差が見られる。ある人は手術後の副作用がひどく、耳の中に埋め込まれた人工内耳を、再び莫大な費用を払って取り外したりもする。人工内耳を挿入する時には政府が補助金を支援してくれるが、それを外そうとしたら自己負担となる。

イェリンは人工内耳手術後、さまざまな音の中から言語を感知し、その言語を正確な文章として区別する訓練をした。絶え間ない努力が必要だった。だがそれは一対一の会話でのみ可能な方法だった。大勢の人が同時に話す環境では、会話の流れについていけなかった。人工内耳手術と補聴器は、相手の唇を読んでその内容を推測する口話の補助手段にすぎなかった。イェリンが相手の言葉を聞き取れずに、「え？　なんて言いました？」と訊くと、相手はそれを丁寧にもう一度説明してくれても、それが何度も繰り返されれば、いらいらしたり避けたりした。

人々が自分に対してそうするということを、誰よりもよくイェリンは知っていた。

だから私には彼女がいつも寂しそうに見えた。友だちがいないという意味ではない。自分の世界を完全に理解してくれる人がイェリンのそばにはほとんどいないようだった。イェリンは口話を使うため、口話を使う人たちに会うとコミュニケーションが難しいと言う。口話で相手の言葉を理解しようとしたら、話者が大きく、正確に発音をしてくれなければならないのだが、口話を使う人は発音が正確ではなく、声も小さい場合が多いからだ。だから口話を使う人同士で会うと、コミュニケーションが難しいのだ。私はイェリンが手語を使うろう者のコミュニティに出会えたらと願った。口話を使っているろう者が手語に出会うと、ろう社会に本格的に入っていくことになり、そこで自分のアイデンティティを新たに発見した、という話をたくさん聞いていたからだった。

口話と手語。そこにはいまだに終わりのない論争がある。ろう者が口話中心で学習するのか、手語中心で学習するのか。ろう者が聴者中心の社会に交じって生きていくには、音声言語、口話を教えなければならないのか。またはろう者の心の奥底にある話まですべて打ち明けることができる言語、手語を教えるべきか。

私はイェリンに手語を勉強してみようと言った。手語を習えば向き合うことになるろう社会、イェリンの前に無限に広がる、きらめくろう文化のはるかなる大地に出会うことを願った。必ずしも「言葉」を話さなくても、眉のわずかな動きひとつで相手の話を理解でき、また相手から理解してもらえることを、イェリンが経験してくれることを願った。それでイェリンを私のドキュメンタリー映画『きらめく拍手の音』の上映に招待した。娘に音声言語を教えてきた彼女のお母さんも一緒に、手語を使うろう者の世界を見てくださることを願った。

◆クォン・イェリン　映画感想後記

もし私が言葉も話せず耳もちゃんと聞こえなかったら、暗黒の世界で希望もなく、すべてのことを放棄して生きていただろうに。ボラ先輩もお父さんもお母さんも、ポジティブで幸せそうでした。誰よりも明るく幸せな雰囲気に満ちていました。映画を見るまでは不幸だと思っていたのに、見たら私も幸せになりたくなりました。そして耳がよく聞こえなくても、言葉が話せなくても、幸せでいられるんだということがわかりました。映画を見た後、母が言ったんです。「自分を恥ずかしいと思ってはだめ。ボラさんはご両親が聴覚障害者でも恥ずかしいとは思わず、世の中にそのことを知らせてくれた。あなたも堂々と進んで行きなさい」と。手語を一生懸命勉強しようと誓いました。口話で今まで育ってきて、ボラ先輩に出会うまでは手語なんか習うもんかと思っていましたが、先輩に会ってからは、そしてこの映画を見てからは、手語を学びたいと思うようになりました。私も自分

——自身に勝つ日が来ることを願っています。——

後に私はイェリンとアメリカのギャローデット大学に再び行くことになった。イェリンは韓国手語も英語もわからなかったため、ろう者に会った時も通訳が必要だった。だが彼女は、私がそうだったように、その場所でもうひとつの世界を発見した。

今イェリンは手語を学んでいる。すでに手語を使うろう者の友だちもいる。イェリンは、なぜ今まで手語を習わなかったのかわからない、手語を使えばコミュニケーションがとてもよく取れて幸せだと言う。

「口話で話すと誤解されるし、会話の途中で急に伝わらないことがあると、お互いにもどかしい思いをすることもあります。相手と話している時、何人かの表情が硬くなると、私が何かまずいことを？　と思うことがよくあります。でも手語は表情が豊かで楽しくて、疎外感もありません。口話を使うと、口の形ばかりに集中するので一対一で会話しなければならないんですが、手語は数人で会話できて楽しいです。この前遊園地に行ったんですけど、アトラクションに乗っている時も手語で話せるのでとても楽しかったです」

生涯手語で話しながら生きてきた両親が人工内耳手術をすることになって体験した話を、娘であり監督の視線から描いたドキュメンタリー映画『HEAR AND NOW』（二〇〇七年、アメリカ）を両親と見たことがある。父と母は目を丸くして、画面の中の主人公が手術を受けようとする場面に興味を持って見入っていた。

手術は失敗だった。人工内耳機器を通して聞こえてくるすべての音は、老夫婦にとって耐え難いものだった。どれが「言葉」なのかさえ聞き分けるのが難しいと言っていた。それを見て私の両親は、自分は人工内耳手術は絶対しない、手語が自然でいいと言った。そして手を激しく動かして討論を始めたかと思うと、やがて静かに眠りについた。映画の主人公が、音を聞くのは疲れると言って人工内耳のスイッチを切って新聞を読みながら、午後の時間を楽しんでいたように。

手語を使う父と母、口話を習ったが今まさに手語の世界に足を踏み入れたイェリン。口で話す人の世界と手で話す人の世界に同時に接してきた私。私たちは何よりも静かできらめく世界の上に立っていた。

2
デフ・フィルム『きらめく拍手の音』を制作する

「最後に、ピッチング*を終える前に、今日この場所に私の両親が来ています。両親も皆さんのお気持ちが感じられるように、拍手の音ではなく、きらめく拍手の音で締めくくろうと思います。では、こうして手をあげてくださいますか」

観客たちは両腕をあげ、手のひらをひらひらと振った。映画館全体が「きらめく拍手の音」でいっぱいになった。父と母は皆のきらめく拍手の音を、目で見て、心で聞いた。口で話す人たちの世界と手で話す人たちの世界が出会った瞬間だった。

*【ピッチング】ピッチング・セッションのこと。ドキュメンタリー映像界の用語で、自分の企画を、映像を使いながらプロデューサーなどにプレゼンテーションする会議を指す

制作過程の問題点

二〇一三年五月、ソウル国際女性映画祭のピッチ・アンド・キャッチ・イベントが開幕した。数ヶ月間の努力が実を結んだ瞬間だった。父と母は私がプレゼンするのを見るためにソウルにやってきた。彼らは娘が審査委員に高評価をもらえるか心配しながら見守った。プレゼンは成功だった。それはまさに手語通訳の環境があったからだと言える。

両親がイベントに出席したいと言うので、私は主催者側に手語通訳をお願いした。手話通訳センターから二名の通訳士が来て、交替でイベント全体を通訳した。私は参加者たちと一緒に座っていて、両親は通訳士がよく見える前の席に座った。二人はしきりにうなずきながらスクリーンの左側に立っている通訳士の表情とスクリーンを交互に見つめていた。

鼻の奥がつんとした。父と母の隣に座らなくてもいいということが、私よりもっと手語が上手な通訳士がこのイベント全体を通訳するということが、障害の有無にかかわらず誰でもこのイベントを楽しめるということが、感動的だった。こういう姿だった。私が描いてきた、私たち家族が望んでいる世界は、それ以上でも以下でもなく、こういうことだったのだ。

　後で知ったんだけど、一位だったから驚いたよ。予想もしていなかった一位。なんでだろうと考えたんだけど、障害者だからかわいそうで特別に点数をくれたのかな。うーん、気になる。わからないな。

◆父サングクの話

『きらめく拍手の音』はそうして制作支援金を受けられることになった。ところが問題は制作だった。ドキュメンタリーはずっと勉強してきたが、長編ドキュメンタリーの制作は初めてだったため、最初から途方に暮れてしまった。私はカメラを手に、両親の日常を撮り始めた。彼らが引っ越しをしようとするところがストーリーの軸だと思っていたが、実際それはそれほどドラマチックなことではなかった。

　私は父と母の今までの人生を口述する作業から取りかかることにした。正確に言えば、彼らの人生の話は「口」ではなく、微妙な顔の筋肉と手の動きから流れ出すため、それは「口述」ではない別の単語で表現する方が正しかった。

　父も母も韓国に住む韓国人だったが、同時に少数民族のようでもあった。またある時は宇宙人のようでもあった。口で話す人を相手にする時とは違って接近しなければならなかったし、違う単語を使わなければならなかった。

私は両親に、どこで生まれたのか、言語をいつ初めに習ったのか、ろう学校での生活はどんなふうだったのかを尋ねた。母が話し始めると、隣に座っていた父は、そんな話は初めて聞くという表情で眉間に力を入れてはまた元に戻した。母の話はもちろんだが、それを聞いている父の顔の筋肉はもうひとつの観察ポイントだった。

口で話す人たちにインタビューした時には、彼らの顔の表情はそれほど多彩ではなかった。また答える時にも単純に「うん」と答えたりうなずいてしまう。だが手で話す人たちの世界でそれは、顔の筋肉のさまざまな動きとして現れる。ろう者が手語で話す時だけでなく、話を聞く時にもどれほどさまざまな表情を見せるか知ることができた。そういう違いを表現することがこのドキュメンタリー制作においてはとても重要なことだった。

しかしそれにより制作者としては、別の次元の「映画文法」を悩み、考えなければならなかった。例えば、彼らが自分の経験を表情と腕の動きを通して語る時、母の目をアップで撮ることはできなかった。カメラ一台だけという状況で、体のある部位だけを撮れば、映像自体がひとつの言語として機能しなくなるからだ。

母は「おいしい《マシッタ》」という手語をする時、こぶしを握り、あごのラインに沿って左から右に動かすのだが、この手語は単純に手の動きだけで成立するのではない。重要なのは表情だった。「おいしい」という表情。手語では表情が手の動きより重要だ。したがって表情抜きに手語をすれば、意思の伝達がきちんとできない。それがどのくらいおいしいのか、実際はおいしくないのにおいしいふりをしているのか、ものすごくおいしくて今気を失うぐらいなのかを伝えてくれるのが、まさに「表情」である。言うなれば表情は、声の大きさ、調子、声色《こわいろ》に該当するのだ。

だから私は両親が自身のことを手語で語る時、目だけを撮ることも、手だけを撮ることもしなかった。ただ正直に頭から胸まで見えるように撮った。そうすることによって後で映像を見直した時、母がその時どんな話をしているのか把握することができた。母が今舞台女優よりもっと生き生きとした表情で話をしているのに、ある部位だけ撮るというのはやはりあり得ないことだった。

私は両親の前にカメラを置いて、彼らの話をただ見つめた。しかし撮影後、私がどんな質問を彼らに投げかけたのかを、映像を通して確認することができなかった。言葉を話す人が撮影対象であれば、「それでどうなったんですか」と次の答えを誘導する質問が映像の音声に入っているのだが、私はカメラの後ろでうなずき、手語で答えたり質問していたため、私がどんな語調や話法で質問したのかは、自分の記憶に依存するほかなかったのだ。

手語ナレーション

その違いは撮影過程だけでなく、編集過程にも如実に現れた。学校でさまざまなショット・サイズを習い、編集の授業ではインサート（シーンの間、間に他のシーンや文字、または写真をはさむ挿入画面）をどう使用するかという実習もした。だが私が作るドキュメンタリーにはそれを適用することができなかった。父と母のインタビューの間にインサートを入れるとわかりにくくなるからだった。

母は「小さい頃のボラは言葉を話さず、口をぎゅっとつぐみ、手語だけで話した」と手語で語った。「口をぎゅっとつぐみ」という部分では母もまたぎゅっと口をつぐみ、「手語だけで話した」という部分で母は、私が幼い頃手語をしている場面をそのまま再現して見せた。母は手語で語った。ところが、その途中に私の子どもの時の写真だとか、父の表情などのシーンを挿入すると、母の話はそこですぱっと切れてしまう。よく聞こえていた話者の声が突然途切れるのと同じだ。私は他の映画でそうするように、インタビューの間、間にさまざまなシーンを挿入したかった。

「お母さんの話をただ字幕で処理してインサートを入れようか」。だが、生き生きとした表情で語っている母のインタビューを他のシーンで切ってしまうのは、やはりあり得ないことだった。でも、そうしなければ場面がとても単調になってしまう。

私は悩みに悩んだ末、母の表情を活かすことにした。単調になるかもしれなかったが、その中で、ろう者の顔の筋肉の動きを活かすこと、舞台俳優よりはるかにバラエティーに富んだ表情をするろう者をそのまま見せることが、もっと大切だと判断したからだ。

私は映画を紹介する時には、いつもこう言った。

「この映画は、唇の代わりに手で話し、愛し、悲しむ人たちについてのお話です」

だから映画に使われるナレーションも、やはり音声言語ではなく手語ナレーションでなければならないと考えた。ろう者が中心だったら、世の中はどう変わるのか、映画文法もまた変わり得るのかを見せるべきだと思った。だが、映像を通して手語ナレーションを見せ、手語がわからない人たちのためには字幕でそれを通訳することは、ただでさえ音声が単調なこの映画への没入感、集中力を下げてしまうかもしれなかった。

この映画はろう者のための映画というより、聴者のための映画だった。聴者にろう者のきらめく世界を紹介することが目標だった。私は映像を通してナレーションする「手語ナレーション」を使用すると同時に、音声言語でそれを解説しようと考えた。だが、手語を使おうとしたら、顔の表情を見せなければならないのだが、映画の途中で誰かの顔がアップで出てくることは、ともすれば映画への没入感を下げかねない。それで苦心の末、手語をしている両手だけをクローズアップし、手語ナレーションの映像を作ることにした。

両親は最初に私が映画を撮ると宣言した時から、「テーマは何？」、「タイトルは？」、「どんなあらすじ？」、「いつできるの？」と毎日のようにメールを送ってきた。制作作業が編集段階に突入すると、母が仕事場に遊びに来て私が編集するのを見ていたこともあった。

「早く見たい。映画、見せて」

母は隣に座って目を見開き、画面を覗いた。画面が明るくなって、そこに父と母の家が出てきた。父はクリスマス・ツリーを設置していて、すぐに母が登場する。二人は手語で「きらめく拍手の音」がどういう意味かを説明した。タイトルが画面いっぱいに現れ、すぐに暗くなった。母はうなずいた。そこで突然、スピーカーを通して声が流れてくる。

「写真とサッカーが好きな少年がいた。かけっこが得意な少女がいた」

母は、サッカー選手だったマッチョな頃の父の写真と、かけっこをする自分の子どもの頃の写真を見ながら喜んだ。母は音が流れているのか否か自体、認知していなかった。私は母の肩を叩いた。

「お母さん、今画面から音が流れているの。写真と音が同時に」

母はそれがどんな意味なのかと、人差し指を左右に振った。私はキーボードのスペース・キーを押して映像をストップさせた。ナレーションで何を言っているのかを母に説明しなければならない。編集画面を見せながら言った。

「今は写真が出ているけど、ここに音声トラックがあるでしょ。映画には映像トラックがあって、音声トラックがあるの。それで話す人は画面に直接登場してはいないけど、話者がいるのよ。この映画ではお母さんとお父さんが主人公だけど、時々私が登場して、顔は出ないけど声で話を伝えるの。その部分を今手語で通訳するね」

母はうなずいた。私は再び再生ボタンを押し、仮編集版を上映した。ナレーションが出てくる度にそれを通訳した。しかし、私の手語の実力は音声言語のそれより明らかに劣っていたため、時々きちんと通訳し切れず、手がまごついた。

「わかりにくいわ。画面に通訳も付けて」

コンピュータ画面と私を交互に見ていた母が言った。母が私の方を見て手語に集中すると、画面の映像を見逃すのだった。逆の場合も同様だった。慌てた。締切まであといくらも残っていなかった。初上映は手語通訳映像なしに進めようかとも思っていたが、父も母も初上映を待ち焦がれていた。私はわかったとうなずいた。

映画の主人公が初上映で映画をちゃんと見ることができないのでは話にならない。編集する度にナレーションが変わり、場面転換のフレームが変わったが、無理をしてでも手語ナレーション映像を入れなければならなかったのだ。

コーダ　イギル・ボラの話

『きらめく拍手の音』が既存の障害ドキュメンタリーと違う点は、娘であり監督である話者が、障害のある両親の話に身内の視線でコンタクトしているということだった。だが、ともすると客観性を失うかもしれない部分であるため、企画段階からこの話を一人称の主観的な視点で語るべきか、三人称の客観的観察者の視点で語るべきか悩んだ。

最初は後者のやり方を選んだ。唇の代わりに手で話す人たちの世界にカメラを置いて、彼らを観察することを選択したのだった。しかし音声言語に慣れている人たちが、八十分という制限時間内に「聞こえない世界」へ入り込むことは、易しいことではなかった。案内役が必要だった。言語も文化も完全に違う世界を旅しようとしたら、その場所の言語と文化をきちんと知っている者が必要だということだ。

音声言語ができない父と母の声。それが何を意味するのかを一番よく知っているのは私だった。だから私は、この映画の案内役になることにした。そして、彼らと一緒に生きてきたコーダ、イギル・ボラの話をすることにした。それはストーリーのもうひとつのレイヤーを構築した。

ろう者の話だけではなく、二つの世界の間で生きているコーダの話は、私のナレーションと弟グァンヒへのインタビューを通して語った。私の話をどのくらい入れるのかは大きな悩みの種だった。ひとつ間違えれば、私がとてもつらかったとぶつぶつ不満を言っているように見えるかもしれず、だからと言って話をあまり少なくしたら、観客が何の話かわからなくなるかもしれなかった。私は弟の口を借りて、私自身の話であるコーダの話をすることにした。弟の表情からは、私とは別の、ろう者家庭の二人目の子で男性、そしてコーダであるグァンヒの話が流れ出した。

二〇一四年五月、『きらめく拍手の音』は第十六回ソウル国際女性映画祭で初めて上映された。以降いくつかの国内の映画祭でも上映され、観客たちに披露された。その年の秋、KT&Gサンサンマダン（ソウル弘大《ホンデ》にある文化複合施設）主催の「すばらしい長編映画プロジェクト」に選定され公開支援を受け、同時に映画振興委員会の公開支援も受けた。正式に劇場公開ができることになったのだった。

大企業制作の商業映画中心で、スクリーン独占の弊害だらけの韓国映画産業の中で、インディペンデントのドキュメンタリー映画を公開するということはたやすいことではなかった。

公開支援金はもらったが、それでマーケティングをし、上映館を確保することは、別の次元のことだった。長編映画制作も、映画公開も、私にとってはすべて初めてのことだったため、周りの先輩監督たちを訪ねて回った。映画を公開すること自体が、映画制作とはまた別のプロジェクトになった。

二〇一五年四月二十三日、『きらめく拍手の音』は全国約二十五館で正式に劇場公開された。父、母は緊張しながら映画館に向かい、上映後一緒に舞台に立ってGV（Guest Visit　舞台挨拶、観客との質疑応答などが行われる）を行った。私は映画の広報のために新聞・放送などのメディアのインタビューを受け、ソウルと釜山などを行き来してGVを行った。

記者たちと会う場で、そして観客たちと会う場で、映画に収めきれなかった話を語った。父とアメリカに行って出会った驚くべきアメリカのろう文化の話、手語と音声言語にはどんな違いがあるのか、なぜ国によって手語は違うのか、なぜ手語は言語なのか、静かだけれども思いのほかきらめいているこの世界の話を伝えるために声を張った。その度に母は、自分が一緒に行けない上映スケジュールをとても気にしていた。

――今日はどこで上映？　観客、何人？

私は母のメールに返事ができないぐらい我を忘れて飛び回った。映画の上映のためにたくさんの人たちが苦労してくれた分、観客を一人でも多く集めなければならなかった。母は毎日のようにインターネットで『きらめく拍手の音』、あるいは「イギル・ボラ」を検索した。文字言語は得意ではなかったが、それらを読みに読んだ。どんな人が良いレビューを載せているか、どんな人が高評価をつけてくれたのかを検索し、泣いてまた笑った。

そんな母が一番喜んでいたのは写真と動画だった。文字言語を読むより手っ取り早くその場の雰囲気を把握することができるからだ。

ところが、問題は動画だった。映画の広報のために俳優クォン・ユルがGVに出てくれたのだが、母は検索してその動画を見つけた。観客が今ボラにどんな質問をしているのか、ボラはそれにどう答えているのか、隣に座っている俳優は映画についてどんな話をしているのか、母は知りたがった。私は何週間も続く強行軍に疲労困憊の状態だった。母は私にメールを送ってきた。

——今俳優が何の話を？　観客が何を言っているの？

——お母さん、今はもう遅いから寝て。

——何の話か気になる。なんで字幕がないの？

――俳優と一緒にＧＶしたのよ。他のＧＶの時とおんなじ。

――毎日映画の名前検索。私も内容知りたい。なんで口で話すの？　字幕必要。

母はなぜ字幕がないのか、通訳してほしいと言った。疲れていた。毎日のように同じような話をすること、両親の話であり同時に私の話でもあることを、心をこめて何週間も続けてやりとりすることには、思ったよりずっと体力を使った。口だけで何時間もずっと話をすることは、より大変なことだった。私は音声言語で話しながらも、表情と指を動かして話したかったが、その言語を理解できる人はいなかった。

――何の話か知りたい。字幕つけて。

――お母さん、私がすべての映像に全部字幕をつけられないでしょ。それにその動画は私がアップしたものじゃなくて他の人が上げたものよ。だから字幕がないの。私、今疲れてるの。だから早く寝よう。

いらいらしていた。腹が立った。鬱憤がこみ上げた。私は両親のことを映画にし、私の話、すなわちコーダの話を語った。映画上映後にも、ずっとその話をしなければならなかった。体の中に積もりに積もった傷を、ひとつずつ引っ張り出して見せるようなものだった。その過程は、気持ちを強く持って進めなければならなかった。そうすれば悲しくならずに済む。その傷が体の中にさらなる傷を生む前に、もっと強い話者にならなければならなかった。その代わりに、家に帰る道すがら時々泣いた。だからこそ、人々の前で涙を見せずに済んだのだった。

ところが母は私にまた別のことを要求する。幼い頃から私がしてきたこと、あなたが理解できない音声言語を手語に通訳すること。私がそれをすべてできるわけではなかった。私は映画の話者であり監督で、プロデューサーであり広報活動もしなければならなかった。そしてまたそのすべての過程を通訳しなければならない、家庭内の通訳士だった。私は本当にたくさんのことをしてきたし、今もしているのに、母はさらに何かを望んだ。しかも母はただ他の人のように知りたいだけだった。それは、母が悪いのでも、私が悪いのでもなかった。子どもの頃からずっと背負ってきた私の役割より、さらに大きな荷物が私にまた降ってきたのだった。

母は祖母の誕生日のお祝いに行かなければならず、弟が行けないので、私に一緒に行こうと言った。しかしそれは、どうしても観たい映画が映画祭で上映される日だった。母には申し訳なかったが、その映画をいつまた観られるかわからないから、映画を観なければならないと伝えた。だが母はそれを理解できなかった。

「人より映画が大事なの？」

「お母さん、そう言わないで。映画を見て勉強するのが私には大切なことなんだから」

「通訳がいなかったら行っても楽しくない。人間よりものが重要?」

「そんなこと言わないでってば。ひどいよ」

「お前こそひどい」

そうして母との会話は終わった。私は自分ができること以上に多くのことを要求されるこの状況に腹が立ったし、母は私に腹が立った。母の兄弟のうち手話ができる人は、過去から現在まで誰もいなかった。できるのは、息子ヴァンヒと娘の私、二人だけだった。だが私は二十五歳になり、私の人生があった。子どもの頃のボラのように、父、母のすべてのスケジュールに同行できる、そんな通訳士ではなかった。

母と私は、数週間ビデオ通話もメールもやりとりしないまま対峙した。

しかし依然として

「映画、とても良かったです。ところで、映画の中で監督も弟さんもあまりお話をしていないようですが。人に言えない悩みみたいなものってあるじゃないですか。ろう者の両親のもとで育って、本当に大変だったでしょうに。そういうお話は映画の中にあまり出てきていないと思うんです。それが気になります」

一ヶ月の劇場上映を終えた、最後の上映の日のGVだった。私はうなずいた。

「ええ。実際今もずっとあります。もう私も二十五歳になり、そしてこの話で映画を撮りました。『言葉』でもこの話をずっとしていますが、まだその傷は私の体の奥深くに刺さっています」

私は最近の母とのけんかの話を始めた。

「母は私に対してとても怒っていました。でもそれは私がしなくても済む部分なんです。母の家族が当然手語を覚えるべきだし、私がいなくても自分たちでコミュニケーションが取れなければいけないですよね。家庭の行事すべてに娘か息子がついて行って、毎日通訳をしなければならないなんてことはありませんよね。それは私と弟だけでなく、母の家族たち、あるいは社会・国家がともに担うべき部分なのに。でも母は仕方なく……」

語尾が濁った。声が詰まった。私はアマチュアではあるが、絶対にGVの最中に泣くアマチュア監督だと思われたくなかった。強くありたかった。父と母の話をし、コーダの話をしながら、絶対に泣きたくなかった。泣いたら、もっと悲しくなるから。悲しい話を泣きながらしてしまったら、とてもじゃなく堪えられなくなるから。しかし、すべての感情が一気に爆発してしまった。映画が完成した後も依然として、私がしなければならないこと、堪えなければならないことがあまりに多かった。

「監督、私はかえってすっきりしました。やっと泣けるんだな、映画の中でずっと強く気ばかり張ってお話ししていた監督が、ようやく泣けるんだなって。ぐっと我慢していたものを爆発させられるんだなって。それで私は気持ちがすっとしました」

映画の公開をともに準備してきたチームリーダーは、泣くべきタイミングでよく泣いたと親指を立てた。恥ずかしかった。だが母には、私がなぜ腹を立てたのか、そして終映ＧＶでなぜ泣いてしまったのかは話すことはできなかった。

3 “CODA Korea”のスタート

二〇一四年十二月の「コーダ・トークコンサート」以降、私は時々コーダの先輩たちと会った。ある時は軽くコーヒー一杯をともにし、ある時はおいしいお店を探してあちこち回った。互いのスケジュールが忙しい日には先輩に電話をかけた。

「今日は障害者の日だから、あらゆるメディアで障害者、障害者ってやけにやかましくて、大変な一日だった」

すると先輩は電話の向こうで無言でうなずいた。手語と音声言語、二つの言語を同時に使う私は、コーダの先輩たちに会って口で話していても、同時に手でも話した。主に音声言語で話したが、同時に手語で考える人たちだった。物事をイメージで記憶することが多く、それを手語で発話することも多かった。

だが口で話す人たちの中にいる時は、そのように行動することはできなかった。道を歩いている時も、右腕をあげ、あちこち振り回して手語で歌を歌い、時々独り言も手語で言うということは、人々には理解しにくいことだった。だがコーダの先輩たちは、私が手でどんな単語を言っているのか、手語と一緒に出てくる「パ」という口の形が「可能だ」という単語を補助する形態素（意味を持つ最少の言語単位）のようなものということを、とてもよくわかっていた。

私たちはこの集まりを〝CODA Korea〟と呼ぶことにした。そして冗談ぽく、「自助グループ」（共通の悩みや病気、問題を抱えた人たちが集まって活動するグループ）と呼んでいた。この集まりは韓国で初めて作られたコーダ・コミュニティだった。これが今後協会になるのか、協同組合になるのか、サークルのような単純な親睦会に終わるのか、どのような形になるのかは確信できなかったが、私たちはそれまで望んできたことをやってみることにした。コーダが韓国にいるさらに多くのコーダに会うこと、彼らに会って互いの話を聞くこと、他人が定義する「コーダ」ではなくコーダが直接コーダを「語る」ことをテーマにすることにした。そして「コーダ、コーダに出会う」というイベント企画が始まった。

ホームサインと韓国手語の間

二〇一四年秋、『きらめく拍手の音』がKT&Gサンサンマダン主催の「すばらしい長編映画プロジェクト」に選定され公開支援を受け、劇場公開されることになったという、嬉しい知らせを聞いた時のことだった。震える心で会場に入っていくと、隣の席に座っていた人が話しかけてきた。

「『きらめく拍手の音』の監督さんですよね」

「ええ、はい」

「今回『走り高跳び』という映画を撮ったキム・ジニュと言います。僕もコーダなんです」

「わあ、映画を撮っていらっしゃるんですか」

私は嬉しくて声を上げた。文化的な作業をしている人の中で、それも映画を撮っている人の中で、しかもコーダに出会ったのは初めてだった。

「僕も実は映画を作ってからというもの、監督のお話をたくさん聞いていたんです。コーダがいるんだけど、ご両親の話を撮ったって。僕もフィクションですけど、自伝的な経験をもとにした短編映画を撮ったんですよ」

私たちは閉幕式が終わってからもずっと話し続けた。しばらく経ってから私は、障害者映画祭で彼に再び会うことができた。彼は自然な流れで“CODA Korea”グループの仲間となった。

映画『走り高跳び』には、ろう者の母親と小学校に通う聴者の息子が主人公として登場する。

この映画にはこれといった台詞がない。聴者の息子は家の外では口を開き、友だちと会話をするが、家に帰ると手と表情を使って母親と話をする。手語だった。しかし私がその手語の意味を知るためには、画面下の字幕を見なければならなかった。私にはわからない、その家だけの手語、すなわちホームサイン（home sign）だったからだ。

「僕のうちでは韓国手語の「正しい《マッタ》」が「大丈夫《ケンチャンタ》」という意味で使われます。うちのお父さん、お母さんは小さい頃に手語を習うことができませんでした。だから自然にホームサインができたんです。うちの家族同士だけで通じる、そんなサインです」

この映画には台詞がほとんどない。だが「台詞」という限定的で制限的な意味に含むことのできない、広い意味の言語たちが映画の中に深く布陣されている。例えば、ろう者のお母さんが息子に投げかける視線だとか、彼に触れる手つきだとか、扇風機がかたかたと回る夏の日にすっと吹き抜ける風だとか、そういうものがこの映画ではひとつの言語として機能している。

韓国手語を知らないというジニュさんは、ホームサインで話し、口で話した。私は彼に尋ねた。

「もどかしくないんですか。手語では内面の奥深いところにある話まで全部表現できるのに。ホームサインでは単語の数が足りないから、それほど正確な表現までは難しいように思うんですが。ご両親とそんな深い話をしてみたくはありませんでしたか」

彼はしばし動きを止めた。隣で話を聞いていたコーダで手話通訳士のヒョナ先輩が言った。

「ホームサインだからって、そういう表現がすべてできないわけじゃないんですよ。ジニュさんのご両親の人生はいつもそうだったし、その人生の中ではそれが充分な言語であったわけで、もどかしさは全く感じないでしょう」

私はうなずいた。彼もまたあごに手を当て、私を見つめた。韓国手語ではない、ホームサインで話す人たち。手語に接することができなかったろう者の世界。彼らが自ら作り出した言語という約束ごと。その中で人生を生きてきた人たち。私が接してきたろうの世界が、少しずつ広がっていくのを感じた。

コーダ、コーダに出会う

私と弟はあまりに似た経験をして育ってきたが、それでは韓国の他のコーダたちはどうなのだろうか、という疑問から、“CODA Korea”はコーダがコーダに出会う場を設けることにした。だが、出会っていくらも経っていない、住む場所も違えば職業も違う四人がひとつのイベントを取り仕切ることは、容易なことではなかった。その上、韓国初のコーダ・コミュニティという看板を下げているため、周囲の人々が興味を持って見守っており、プレッシャーがないわけでもなかった。

私たちはイベント企画に先立ち、コーダについてどう考えているのか、各自の考えをもう一度確認してみることにした。ろう者でも聴者でもない、コーダだけが集まった席で、私たちはどんな話を共有し、またどんな話を聞くことを望んでいるのだろうか。

「実は私はこの会をやりながら、内心葛藤をおぼえているの。コーダに会えば良いことばかりだと思っていたんだけど、心の葛藤が始まったのよ。最初は、私が生きてきて経験してきたことを、いちいち詳しく説明しなくても全部理解してくれることが嬉しかった。でもろう者の子どもという同じ札を下げているけど、それを、違った形でアプローチして行動するコーダの人たちを見ていると、罪悪感を感じるというか……。私はまだまだだなあと思って」

私と年の差がほとんどなく、私と一番似ているヒソン先輩は、イベントの企画を準備する集まりの度にそう言った。この集まりを少し負担に感じていると。

「ボラはそうやってずっと映画や文章でコーダのことを話しているし。ヒョナ先輩は手話言語学を勉強しながら手語とろう世界に対するプライドを持って生きているのに。私にはまだろうの世界が輝いて見えないのよ」

ヒソン先輩はいまだ過渡期の段階にいる自身が、この集まりにこうして参加してもいいものか、そして「コーダ、コーダに出会う」という場でどんな話ができるのか悩んでいた。

「ヒソンさんがそう感じることもコーダの姿のうちのひとつだと思います。私にもそんな時があったんですよ。すべてのコーダがろう文化を自慢に思う人になるべきだということはない。私はそれもひとつの段階だと考えていて、それもコーダの姿なんだと思います。ろう文化を否定して必死に隠そうとしていたけど、またそれを発見することになる。私は、ヒソンさんにその話を今回のイベントで絶対してほしいなと思います」

ヒョナ先輩が答えた。

会の構成員のうち、ある人は会社員で、またある人は研究のスケジュールで忙しかった。私は映画をちょうど公開したばかりで大わらわだった。地方に住んでいるキム・ジニュ監督は映画の撮影スケジュールで時間を作るのが難しかった。このイベントを企画することは、特に報酬もなかったし、かと言って誰かが私たちのことを認めてくれるわけでもなかったが、自分と同じコーダにもっと会うことができるというワクワクした気持ちで、私たちは楽しんでこのイベントの準備を進めた。

私は、きらめく世界が結局私をストーリー・テラーとして成長させてくれたという話をすることにした。

「私はこの頃自分を紹介する場がある度に、『ろう者の両親から生まれたことにより、語り手としての先天的資質を与えられたと信じて、文章を書き、映画を撮っている』と言っています。でもここで重要なのは、『自ら強く信じる』ということです。私もしましたよ。ろう者の両親を必死に隠した経験。勉強を一生懸命すれば認めてもらえるかもしれないから、『ろう者夫婦の娘ボラ』ではなく、『成績一位のボラ』と呼ばれようとする経験。ところが結局それを隠して否定すればするほど、もっと悲しくなるんです。だからそれを堂々と表に出していくこと。それは堅固で美しいものだと語ること。そうしていたら、それが本当にきらめくんだということがわかりました」

私は、宇宙飛行士が新しい星に一歩を踏み出すように、注意深く、未知の世界を探査している途中だが、少なくとも今は、ろうの両親のもとで育った聴者である私が、ろう文化と聴文化に同時に接してきた人間だと気づいたということ、その二つの世界の間で話を伝えていたら、自然とストーリー・テラーになった、ということを話した。

「コーダ、コーダに出会う」のイベントには十五名ほどの人が集まった。その中には、地方から時間を作って上京してきた人もおり、コーダの弟あるいは姉と一緒に参加した人もいた。私は自分の話をまず始め、ヒソン先輩はいまだ進行形であるコーダの心の葛藤を、キム・ジニュ監督は手語を知らないコーダの一人としてコーダの多様性について、ヒョナ先輩は音声言語ではない、もうひとつの言語である手語の話をした。

また、映画『ビヨンド・サイレンス』（前出の、コーダの女の子が主人公のドイツ映画）の主要な場面を見ながら、自分だけが、あるいは韓国で暮らしている私たちだけがこういう経験をしているのではないのだという、共同認識を形成した。ドイツに住んでいる、映画の中の主人公ララも、やはり学校の授業を抜け出して両親と銀行に行って通訳をしなければならなかったし、幼い妹を両親の代わりに叱らなければならなかった。私たちは映画を見ていたのだが、同時に子どもの頃に経てこなければならなかったコーダとしての記憶を共有していた。

◆参加者の話

私は弟としかコーダについての話をしてこなかったので、こうしてコーダの青年に会うのは初めてでした。今まで私の話に共感してくれる人は何人もいなかったんですよ。だからコーダというアイデンティティをよく知らずに生きてきました。でも今この場で四人のお話を聞いて、そしてこうして順番に自己紹介をし、各自が話したかったことを打ち明けたわけですが、実は時間が過ぎるのが速くて、まだまだ足りないくらいです。ある話はコーダだけが感じることのできる幸せな記憶でもありますが、あるものはコーダとして感じる、窮屈な記憶のように思います。

母親が、子である自分のために部屋で手語でひたすら祈っているのを見て、しっかり生きていかなければと、そして手語を覚えなければと決心したというあるコーダは、このイベントが「温かい慰め」になったと語った。今はまだこの集まりの方向性についてはっきり確信することはできないが、ともに何かができたらいいと、その場に集まったコーダたちは、互いに似た人生の荷のかけら《ピース》をそっと下ろした。

家に帰る地下鉄で、手語通訳を勉強しているあるコーダが、自分のスマートフォンを私に見せてくれた。母親とのSNS上のやりとりだった。そこには私がいつも母とやりとりしている話が、違う顔のアイコンで、別のトークルームとして、ひっそりと存在していた。

——お母さん、黒のズボン、家にある？　私があまりはかない。ショートパンツ。上に青い模様、描いてある。あるかないか探す。お願い。

その人は完全な文章が書けるコーダだったが、母親のために、母親が使う不完全な文法そのままに文章を作成していた。文章をそのまま手語に直訳すれば完全な手語の文章になった。口で会話できるけれども、それと同時に、言語を変えて二つの世界を自由に行き来できる人たち。私はそのトークルームを見て安堵した。そこにはコーダがいた。

コーダとは何だろうか

“CODA Korea”の初の公式イベントの開催後、周囲で一番多かった質問は、「結局コーダとは何なのか」というものだった。それは同時に、この集まりは今後何をしようとしているのかという質問でもあった。私たちは今、方向性について悩まなければならなかった。今後どのような場を設けていくのか、そこでどんな話や議論が出てくると考えられるかについて、悩むべき時だった。

しかしあまりに知らなかった。コーダが何なのか人々に聞くと、ろうの両親のもとで育った聴者の子どもを指す言葉だと言うが、それはただ単に単語についての定義に過ぎなかった。コーダがどんな特性を持っているのか、どんな性向を見せるのか、アメリカで作られた単語の「CODA」が韓国でどんな名前で呼ばれているのか、アメリカのコーダとアジアのコーダ、中でも韓国のコーダはどのように違うのか、説明することができなかった。

ろう文化が発展しているアメリカでは、コーダに関する研究論文をはじめとする、多くの、多様な資料を見つけることができたが、韓国語で書かれた資料は皆無だった。まさに果てしなく広がる大平原のようだった。「ろう」自体を文化として見る感覚がないため、誰もそれについて「障害」以上のアプローチをしないのだった。

私たちは韓国のコーダが自らについて定義を決めるべきだという結論に至った。どの国のどの事例を参考にすべきかさえわからなかったが、コーダたちにずっと会い続けることにした。前回のイベントでは「私たちがコーダだからこうだった」「私たちがコーダだからつらい」を主に話したとすれば、今は「コーダが何なのか」を話すべきだという地点にいた。

そんな中、ある出版社から嬉しいメールをもらった。フランスのコーダが自身の自伝的経験を書いたエッセイを翻訳、出版したというのだ。

本の内容にはさらに驚かされた。私の経験かと思う記憶が、私が書いた文章かと思う文句が綴られていたからだ。子どもの頃から両親に自然に手語を習っていた場面。両親の世界を当たり前のように認め、認知していたが、思春期に入ると始まった聴文化との葛藤。直面しなければならなかった人々の視線。ろう者の両親と生きてきた大小のエピソード。母親の手は、美しいポエムになる時もあれば、ある時は私を呼ぶためにとんとんと肩を叩く、無神経な手振りにもなったという経験。

「君の親は体が悪いの?」

「あんたの両親は正常じゃないの?」

「お前の親は声がなんであんなふうなの？」

「君の両親は耳が全然聞こえないの？　それとも少しは聞こえるの？」

「それじゃあ、音楽も全然聞こえないの？」

「生まれつきそうなの？」

「だけどあんたはなんで聴覚障害者じゃないの？」

「でも本当に不思議。どうやってしゃべっているの？」

「それじゃあ、君も手で話すの？」

「ろう者って何で、聴覚障害者って何？　君んちの両親はろう者なの？　聴覚障害者なの？」

学校でみんなにそんな質問をされるのは本当に嫌だった。果てしなく続く同じ質問。だから私は両親の障害についてそれ以上話さないと決心した。さらには父や母に関する話であれば、それが何であれ口にしなかった。なぜみんな私を放っておいてくれなかったんだろうか。

（ヴェロニク・プーラン著『Les mots qu'on ne me dit pas』二〇一四年、フランス。
韓国語版は『手話、音、愛してる！』ハヌリム出版、二〇一五年。
『エール！』というタイトル（邦題）で映画化もされている）

私は本を読みながらぼろぼろ泣いてしまった。それはフランスのコーダの日記帳だったが、同時に私の日記帳でもあった。一度も行ったことのない土地で育った、一度も会ったことのない著者が書き記した人生の経験が、韓国で育った私のそれとこれほどまで同じであろうとは。もっと知りたかったし、会いたかった。世界各国に住んでいるコーダの話を収集し、私のそれと比べてみたかった。アジアに住んでいる人たちはどんな似たような経験をしているのか、そして韓国に住んでいるコーダたちはどうなのか。それで、"CODA Korea" が企画する「コーダ、コーダに出会う」のイベントでは、コーダたちがもっと親密になる時間を持ち、コーダが何なのかについて議論し、定義を考える時間を設けることにした。

イベント会場は江陵《カンヌン》（韓国東北部、東海岸の都市）だった。まるでサークルの合宿に行くような気分で、海を見て、おいしいものも食べ、語り合ったりするつもりだった。だが、参加率が低調だった。学生もいたが、会社員もいた。ソウルに住んでいる人もいたが、多くは江陵から遠い地方に住んでいた。結局申し込み人数が少なく、イベントは中止せざるを得なかった。

私たちが企画した「コーダ、コーダに出会う」のイベントは、いまだ開かれないままの状態である。それでも依然として、私は、私たちは知りたい。「コーダ」が何なのか。韓国で定義されるコーダは、アメリカのそれとどう違うのか。CODA《コーダ》を、そのままの「코다《コーダ》」ではなく、

韓国語で表現することはできるのか。

だから私たちは、コーダがコーダに直接インタビューをして話を聞き伝える、「人生口述者《ストーリー・テラー》」としての役目を担っていこうと思っている。それをドキュメンタリーとして記録することも、本で語ることも、意味のある作業になるだろうと考えている。

パズル合わせはまだ終わっていない。私のそれと似た誰かの人生のかけら《ピース》を発見することは、私にとってまだまだ終わりのない領域である。

エピローグ

母の母、あなたへ

太平洞《テピョンドン》の母方の祖母が亡くなった。祖母は私に言った。

「お前の母さんをばかにしてはいけないよ。お前の母さんは、耳が聞こえなくなるまではどれほど賢かったことか。子どもの時、突然熱病にかかってね、その時田舎に住んでいたから、大きい病院に連れて行けなかったんだよ。だからこうなってしまったけども、今こうしてお金を稼いで暮らしているのを見ると、本当にえらいよ。だからお前は母さんをばかにしてはいけないよ、ボラ」

祖母は寝ても覚めても、末娘である母のことが心配だった。二人は、電話で話すこともなく、メールをやりとりすることもなく、ファクスを送ることもなかった。しかし彼女たちは私が見てきた人たちの中で誰よりも近い間柄だった。あえて「話」をしなくても互いをわかり合える人たち、目で確認しなくても互いを強く信じている人たち、電話で通訳をする人が「元気にやっているそうだ」と言ってうなずけば、それをそのまま信じて生きていく人たち。

祖母は「お前の母さん」で始まるその文章を、何度も私に繰り返した。それは私が母の実家を訪ねる度に聞く話であり、母の代わりに電話をかける時にも聞く話だった。

そんなあなたが亡くなった。私はキルギスのオシュというところでその訃報を聞いた。祖母は「ボラはいつ戻ってくるのか」と母に聞いたと言う。もしかしたら、あなたは私に最後に頼みたかったのかもしれない。お前の母さんをばかにするなと。だからボラ、お前が最後まで母さんによくしてやっておくれと。

あなたはどれほど胸が張り裂ける思いだっただろうか。最後にお腹を痛めて産んだ娘が、とびきりの美人で聡明な娘が、耳が聞こえなくなったという事実を知った時。人々がそれをつんぼと呼び、おしんぼと呼んだ時、あなたはどれほど腹が立っただろうか。素麺《クッス》を買って来いと言ったらさっと走って行き、焼酎《ソジュ》を買って来た娘を、叱るべきか笑うべきか、どれほど悩んだだろうか。末娘が、誰も自分の話を理解できず、苦しい思いで家出をした時、何も言わず温かいご飯を用意していたあなたは、どれほど胸が詰まる思いだっただろうか。

そんなあなたが、私の母の母であるあなたが亡くなった。誰より娘の世界を愛し、心配していたあなた。あなたが使う言語と末娘のそれ、孫娘のそれは、あまりに違っていたが、私は知っている。あなたのまなざしが何を意味しているのか。あなたが黙って炊いてくれるご飯がどんな味なのか。私の手をぎゅっと握って、お前の母さんに障害があっても恥ずかしいと思わずに生きていくんだよというその言葉が、どんなことを意味するのか。恋愛をし始めたら、両親に障害があるということを相手にまず知らせなければいけないという言葉が、どういうことを意味するのか。じっと私を見つめていたあなたの表情がどんなことを意味するのか、私は知っている。

もう一度あなたに会えたら、どうしても言いたいことがある。私が出会った母の世界はすばらしいものだったと。それはあまりに堅固で完全なものだったと。恥ずかしいと思う時もあったが、その経験がこの人生を省みさせてくれたと。世間の人たちは知らなくても私はよく知っていると。

他の誰よりも胸を締めつけられながら今回の人生を生きてきたであろう、胸が張り裂ける思いで今世をじっと耐え生き抜いたであろう、愛する私の太平洞《テピョンドン》のおばあさん《ハルモニ》、そして今も健在の中里洞《チュンニドン》のおばあさん《ハルモニ》に本書を捧げる。

ろう者に会う時の心構え

多くの人たちが、ろう者に会った時どうすべきかと聞く。ろう者はもうひとつの言語を使用する少数民族だ。私たちがフランス人、タイ人などの外国人に会う時気をつけなければならないことを取り立てて習うことがないのと同じで、ろう者もまた使用する言語が違う人たちというだけのことだ。明るい表情で相手に接すること、彼らの言語と文化を尊重することが、基本的に持つべき心構えだ。相手の目を見て、顔の表情を生き生きと使って会話しよう。

さらに多くの話をしたければ、ペンと紙を出して筆談してみよう。スマートフォンのメモ機能はあなたと彼らをより近づけてくれるアイテムだ。ろう文化が気になり、手語を知りたくなったら、手語辞典を検索してみたり、手語教室を訪ねてみよう。ろう者に直接習う手語は、静かできらめく世界と向き合うひとつの機会になるだろう。

日本の読者のみなさまへ

二〇一四年に映画『きらめく拍手の音』を撮り、翌年本書を書き上げた。その過程は私にとって言語を探す旅だった。CODAとは何なのか、コーダとしてのアイデンティティとは何を指すのか、両親はろう者というアイデンティティを持ってコーダの私たちをどうやって育てたのか、弟は長子ではない二番目のコーダとしてどんなストーリーを心に抱きながら生きてきたのか。最初から答えを知っていたわけではない。映画を撮り本を書きながら、ストーリーを解き明かしていった。振り返ってみると、私にとってそれは、アイデンティティを確立する道のりであったのだ。

映画は口コミで広がり、いくつもの映画祭をはじめ、劇場、コミュニティ上映、映像コンテンツ配信サービス、ビデオ・オン・デマンドを通して公開された。コーダのアイデンティティを持って、新聞連載をし、いくつもインタビューを受けた。それから、数人のコーダたちと“CODA Korea”という、韓国最初のコーダ・グループを結成した。「コーダ」という名前で集まった私たちは本当に似ていたが、同時にあまりにも違う存在だった。定期的に集まり語り合った。外国のコーダたちはどんな活動をしているのか知りたくて、訪ねていき交流もしたし、コーダ国際カンファレンスにも参加した。韓国のコーダたちの経験とアイデンティティについての本が必要だと意気投合し、ともに『私たちはコーダです』という本も書いた。そうして、ろう文化と聴文化の間を行き来するコーダの存在が次第に可視化されていった。そして、「言葉が話せない、かわいそうな聴覚障害者から生まれた子ども」ではない、二つの言語と二つの文化を行き来しながら生きていく存在がコーダだ、という認識を社会に広めていった。

二〇一七年春、日本で映画『きらめく拍手の音』が公開された。初めて撮った長編映画が海を越えて外国で公開され、観客たちと出会うということは、作り手として栄誉あることだった。公開の準備をしながら多くの人たちに出会った。韓国の新人監督の映画を公開するという無謀な決定をした配給会社代表と広報担当は、この映画の、ろう文化と聴文化、その間を行き来する存在であるコーダを、心から尊重してくれた。公開後に、監督の私と映画の主人公である両親を招待し、韓国手語と韓国音声言語、日本手話と日本音声言語、四つの言語と文化を自由に行き来する、観客とのトーク・イベントを行うことは、熱い思いを持って臨んでくれた配給会社と劇場、通訳者というサポーターの方々がいたからこそ可能だった。

日本での映画の公開は大きな励みになった。手語を習ったことがあると言い、心をこめて手と腕を動かし話す記者、目を見つめてうなずく日本のろう者たち、私と似た経験をしたという日本のコーダたち、キムチを浴槽で漬けるのか、それが韓国の文化なのかとまじめな顔で質問した観客たち。体の緊張が解けていった。もうこれ以上、私の両親はろう者で、彼らは手話言語とろう文化を持っていると、力んで言う必要はなかった。日本の観客にそれは、韓国のろう者の文化であり言語として受け入れられたのだ。初めは、日本の人たちが韓国人より障害についての認識において進歩しているからだと思った。ところがそれは違った。私をはじめとして、「韓半島（訳注：朝鮮半島）に生まれ、韓国語を使用する単一民族が韓国人」という教育を受けてきた韓国人は、他の文化を経験したことがない。私がいくらこれが私たちのろう文化だ、コーダの文化だと言っても、多文化を受け入れる過渡期にある韓国社会では、そう言う私も含め、多文化が何なのかをよく理解できていなかったのだ。国や言語が違うという異文化のフレームの中で、障害はもはや障害である必要がなかった。韓国人もろうもコーダも、ただ違う生き方をしている人たち、違う文化のうちのひとつになった。

日本での公開以降、映画は中国、オランダ、ベルギー、イギリス、カナダ、ドイツ、アメリカなどで上映された。カナダのケベック州でのことだ。上映後、あるカップルが近づいてきて言った。

「子どもの頃両親と一緒に移住して来ました。不思議なことに、映画を見ながら本当にとても共感したんです。英語が話せない両親の代わりに通訳をして、彼らの保護者にならなければならなかった経験は、監督だけのものではなく、私のものでもあるんです。これはコーダの話ですけど、同時に文化と文化が出会うときに起こることなんだと思います。私たちがそうだったんですよ」

イギリスとアメリカでも似たような話を聞いた。その時、気がついた。これは障害者の話ではなく、まさに文化と文化の間で起こることだったのだ。自分自身のことを説明する必要はなかった。互いに違う文化のうちの一つであるだけだった。特別で特異な存在ではない、各々固有性を持った存在、あなたと私。ようやく自由になれた。聴覚障害者の娘ではない、ろう者を両親に持つコーダではない、ただ「私」として存在することができた。

二〇二〇年初め、東京で日本のコーダに出会った。日本のコーダたちの集まりJ－CODAのイベントに招かれ、私の経験とコーダ・コリアの活動を共有した。英語で、韓国手語で、日本手話で、日本音声言語で、韓国音声言語で、語り合った。日本のろう者の暮らしと韓国のろう者の暮らしが似ているように、日本のコーダと韓国のコーダの経験もまた似ていた。国境を飛び越えた連帯感。日本で姉妹や兄弟ができた気分だった。私はどこに行っても、進んで橋をかけ、紹介し、つながることに楽しさを感じるのだが、その時もそうだった。日本で誰かに会う度に、自分が書いた本と映画を宣伝した。本書『きらめく拍手の音』と、韓国のコーダたちとの共著も本当にいいですよと自ら激賛した。もし関心を持ってくれる出版社または翻訳者がいたら、いつでも紹介してほしいと図々しく言ってまわっていたら、本当に叶った。声は上げてみるものだ。切に願えば誰かが聞いて応援してくれるのだ。小説『デフ・ヴォイス　法廷の手話通訳士』シリーズの著者、丸山正樹氏の紹介で本書の翻訳者である矢澤浩子氏に出会い、韓国と日本を行き来しながら活動する友人でありミュージシャンのイ・ラン氏に、出版社リトルモアの編集者當眞文氏を紹介してもらった。

本書が日本で出版されることになり、たいへん嬉しい。ろう者と聴者、私と似た、でもまた別の経験を持つコーダ、すべての人が、本書を通して、著者がどのように自身のアイデンティティを探し求めたのか、その道のりで何を発見したのかに向き合ってくださることを願う。障害者とその子どもの話ではなく、新しい文化と遭遇する豊かさを感じていただけたらありがたい。

私のパートナーは日本人なのだが、いつだったか彼のお母さんが手話を勉強していると言った。彼女は韓国手語と日本手話は似ていると言った。お母さんは両方の拳を握って人差し指と親指を二度くっつけた。「同じ」という意味の韓国手語であり、日本手話だった。彼女が人差し指と親指を合わせて私を見つめたその瞬間、たぶん私たちは今あるすべての文化と言語、偏見と先入観を乗り越えられるだろうと思った。そんな瞬間をあなたとともに作っていきたい。

コーダは生まれながらに交差性を持った存在だ。いや、もしかしたら各自が持つ固有性と違いが与える豊かさを、少し早めに知ることになった存在なのかもしれない。あなたと私が持つその固有性が、「違い」「間違い」「正常じゃない」という理由で差別を受けないことを、そして、「私」が「あなた」を理解し知っていく人生の道のりが、より美しく豊かであることを願って。

二〇二〇年十一月
イギル・ボラ

解説

斉藤道雄

「私は、誰よりも早く大人になった」

映画『きらめく拍手の音』のなかでイギル・ボラさんがこう語ったとき、私は「この映画のなかに入りこめた」という感覚を持った（引用は映画字幕より）。これがどのような映画か、この映画をつくった人が誰なのか、瞬時にわかった気がしたのである。それからしばらくのあいだ、私は親しい友人知人に触れてまわったものだ。すごいよこの映画、この監督。だってそうでしょ、私は苦労して育ちましたっていうんじゃない、誰よりも早く大人になったといっている。ろう者の両親のもとで育った起伏に富んだ人生をそのように表現することばの深さ、広がり。ことばはいまも私のなかでこだましている。

そして映画のなかの、もうひとつのことば。

「両親を撮れば撮るほど、2人の世界は強固で完璧だった」

ろう者の世界を、しかもそれを聴者の視点でこれほど完ぺきに表現したことばはない。この映画監督はろうの世界を知りつくしている。ろう者の世界が強固だというのは文字どおり強固だという意味ではない。強固にならざるをえなかったのだ。ならざるをえない、あのような理由、このようないきさつの数々があった。それを踏まえたうえでいいきっている。強固で完璧だったと。そこにはろう者の両親への深い愛情と、いつくしみと、ときに悲しみにもいたるまなざしがこめられている。

映画『きらめく拍手の音』は、一九九〇年代のフランスでろう者を描いたドキュメンタリー、『音のない世界で』（ニコラ・フィリベール監督）以来の名作となった。

けれど『きらめく拍手の音』は、これまで無数に制作された手話やろう者、ろう文化をテーマにした映画とは本質的に異なっている。たしかに監督のボラさんはコーダ（CODA, Children Of Deaf Adults）と呼ばれる、ろう者の両親のもとに生まれた聴者の子であり、手話（彼女は本書のなかで「手語」といっている）と音声韓国語、ろう者の文化と聴者の文化を生まれながら身につけたバイリンガル、バイカルチュラルであり、手話とろう文化を伝えるうえで理想的な語り部のひとりだ。実際、映画のなかでボラさんは韓国のろう者、ろう文化、手話をあますところなく伝えている。

けれど彼女はそこにとどまらなかった。手話という少数言語、ろう文化という少数文化をとおして「私は誰なのか」という問いに向きあい、その問いをくり返し自分自身に問いつづけている。問いつづけることで自分自身はつくられることを知っていた。そうすることで人間の普遍にたどりつき、このドキュメンタリーにいのちを吹きこんでいる。

まったくおなじことが、本書『きらめく拍手の音』についてもいえる。

この本は、ろう者とろう文化への格好の道案内として読むことができるだろう。ろう者と呼ばれるのがどのような人びとか、耳が聞こえないというのはどのような経験か、彼らの使う手話という言語がどのようなもので、それは音声語とどうちがうか、しかも音声語からは想像もつかないゆたかさを内包している、そうしたことを理解しようとする聴者にとってろう者、ろう文化の内側から語りかけてくれる。

韓国でも日本でもどこでも、ろう者は一般社会で「聴覚障害者」と呼ばれることが多い。耳が聞こえない不幸でかわいそうな存在とされる。けれど本人たちから見れば、聞こえないということは生まれつきのあたりまえのことで、けっして不幸なことでもかわいそうなことでもない。手話という言語があれば、聞こえる人と何も変わらない人生を送ることができる。手話を身につけ、手話が音声語とまったく同等の力を持つ言語であると自覚したとき、彼らは自らを聴覚障害者ではなくろう者と呼ぶようになった。少なからぬろう者が、自分たちは障害者というより少数言語を使う少数民族だと思うようになった。本書はそのいきさつを、ろう社会の内側から伝えてくれる。

本書に書かれていることの多くは、これまで聴者が知らないことだった。聴者社会の

「障害の専門家」「聞こえの専門家」「ろう教育の専門家」は長年にわたり、本書に書かれていることを知ることはなく、知ろうともせず、聴覚障害者に対してこうしなければいけない、ああしなければいけないと説教しつづけてきた。そのテーマはいつも「聞こえる人のようになりなさい」ということだった。聴者のこうした説教が、すべての国のろう者にどれほどの災難をもたらしたことだろうか。

一九九〇年代以降、各国のろう者に芽ばえてきたのは「私のことは、私が決める」という当事者主義だった。

イギル・ボラさんとろう者の両親、そしてボラさんとおなじくコーダの弟の四人家族は、聴者社会のなかの「障害者の家族」として懸命に生きてきた。そのたくましさで、知恵で、家族としての結びつきで、ボラさんたちは聴者社会とのあいだにある断絶にほんろうされながら「私のことは、私が決める」日々を送ってきた。そうせざるをえなかったからであり、それは当事者主義ということばですっきりとはくくれない混乱と焦燥の日々ではあったけれど、苦難のなかでも希望を失うことのなかったひとつのユニークな家族の歴史を、ボラさんはあますところなく私たちに伝えてくれる。

自らをストーリー・テラーだというボラさんの語りは、文字になり、異言語に翻訳されてもなお「ろう者の語り」の躍動を失わない。本書を読みながら私のなかにはずっと、あの話好きで話し上手で、語りをこよなく愛するろう者と呼ばれる人びとの姿が二重映しのように浮かびあがっていた。ストーリーテラーとしての天分に加え、手話という言語を母語とするボラさんは、ほかの誰でもない「ボラの語り」を身につけている。

この魅力的な語りの先に、本書のほんとうのテーマが浮かびあがる。ろう者と聴者のあいだにいるコーダとは、いったいどのような存在か。なぜ私はコーダなのか。そもそも私は誰なのか。

イギル・ボラというひとりのコーダが、幼くして両親はほかの人とちがうと知ったとき、そして自分もまた両親とちがうと知ったとき、親族がおおぜい集まる席で自分たちが孤立していると思い知らされたとき、さらに聴者社会で好奇の目にさらされ、「こんなことはもういやだ！」という思いが破裂しそうになるとき、私は誰なのかという問いは立ちあがる。

おなじ思いを共有するはずのコーダの集まりに行っても、その問いが消えることはない。

私たちが何者なのかを発見すること。私の、ろう社会の中でコーダとして育った話と、聴社会に出合ってぶつかった話。その境界に自分を発見し、その違いから自分を再発見してきた一連の経験を、あなたと私の記憶のかけら《ピース》を通して解きほどいていくこと。私たちはそれをしなければならなかった。（本書P．39）

彼女の場合、聴者とろう者の「境界に自分を発見」することは、コーダとしての自分を考えるだけにとどまらなかった。自分を語る「ことば」を探し求める旅でもあった。

……既存の言語で私の世界を説明するには限界があった。音声言語で視覚言語を説明すること、眉の微妙な動きがすなわち言語である世界を、話し言葉で表現することはたやすくはなかった。私は私の「言語」を探さなければならなかった。（本書P．5）

自分の「言語」を探すとは、どういうことだろう。

自分の「言語」は、自分が「何者なのかを発見すること」とどうつながるのだろう。

それは彼女のインドやタイ、ウズベキスタンやアメリカへの旅として、またドキュメンタリーを制作し上映をくり返す過程で、コーダやろうの仲間や観客との交流のなかに、またもちろん、ろう者の父母とのやり取りのなかに、幾重にも折りかさなりはさみこまれた記憶として語られている。そのなかのことば、問いに対する応答のひとつが、私にとっては冒頭のひとことの「私は、誰よりも早く大人になった」だった。

このことばを、ボラさんはおそらく文字通りの意味で使っている。自分は早くおとなになって家を出たかったのだ、ろう者の両親から離れ、自由な「私」になりたかったのだと。けれど私は、そこに言外の意味を見いだしている。ろうの親と聴者社会の橋渡しをしなければならなかったコーダの彼女が、小さいころから何度も何度もいやになるまで周囲に「両親は耳が聞こえない」と説明しなければならなかったこと、どんなに眠たくても疲れていても両親の手話を通訳しなければならず、学校の先生に「親が障害者だからしっかりしろ」といわれて必死に勉強しなければならなかったこと、そんなことのすべてが彼女にのしかかっていた。苦しかった、たいへんだった、もううんざりということばが出てくるはずのところで、彼女は「大人になりたかった」という。そこには本人がいったことをはるかに超えた、分厚い家族の歴史がつながっている。「強固な」ろう者の両親の大胆さや勝手気ままなふるまいにほんろうされながら、深くつながっていた家族のひとりとしてのことばが紡がれている。

ボラさんはすでに自分の言語を見いだしている。自分が何者なのかを知っている。けれどそれはきょうここでたしかに固定されたものではなく、つねに揺らぎ、うつろい、他者とのあいだを漂うものとしてある。そのようなものであるからこそ、彼女のことばと思考は彼女のストーリーテリングにいくつもの輪郭を与え、多重露出のようなきらめきを与える。その多重性、きらめきこそがイギル・ボラという人が誰であるかを語っている。

＊　＊　＊

手話やろう文化についてさらに知りたい日本の読者のために、拙著をふくめ以下の本を紹介しておきたい。

『手話通訳者になろう』木村晴美、岡典栄 著（白水社、二〇一九年）

手話通訳者になろうとする人だけでなく、実際に社会で手話がどのように使われているかに関心を持つすべての人に役立つ本だ。手話通訳の一般的な形である「コミュニティ通訳」をはじめ、「医療通訳」「司法通訳」「国際会議通訳」など、さまざまな手話通訳の現場からリアルな手話の姿が伝わってくる。

『新版「ろう文化」案内』キャロル・パッデン、トム・ハンフリーズ 著、森壮也、森亜美 訳（明石書店、二〇一六年）

原著はアメリカで出版された定評あるろう文化入門書。著者のキャロル・パッデン、トム・ハンフリーズはともにろう者でカリフォルニア大学の教授。アメリカだけでなく世界の手話言語学を主導してきた二人の著書は、学問的な背景をふまえながら一般の読者向けにわかりやすく書かれており、手話とろう文化の奥深さを伝えてくれる。

『手話を生きる』斉藤道雄　著（みすず書房、二〇一六年）

かつて手話は言語とみられず、ろう学校では使用が厳しく禁じられてきた。その手話を日本ではじめて言語として認め、全面的に授業に取りいれたろう学校、明晴学園が開設されたのは二〇〇八年のことだ。学校の設立に加わり校長となった著者は、ろう児が手話を獲得し、ろう文化が生まれる現場を記録してきた。手話とともに生きるろう児の姿は、多数派である聴者の社会に言語観、人間観の変革を迫っている。

『手話の世界を訪ねよう』亀井伸孝　著（岩波ジュニア新書、二〇〇九年）

年少の読者向けとはいえ、おとなにも十分読みごたえのある手話とろう文化の入門書。

文化人類学者である著者は自らろう者のなかに入りこみ、手話とろう文化を実証的に捉えている。手話の歴史や各国の手話事情も概観するなど、深く幅広いテーマを親しみやすい文章で描きだしている。著者自身による豊富なイラストも本書の魅力のひとつだ。

（さいとう・みちお。ジャーナリスト）

本文中に差別的な表現が使われているが、
差別の実状を伝えている原文を尊重し、
そのまま訳出した。

イギル・ボラ

이길보라　Bora Lee-Kil

1990年、韓国生まれ。映画監督、作家。ろう者である両親のもとで生まれ育ち、ストーリー・テラーとして活動する。17歳で高校中退、東南アジアを旅した後、韓国芸術総合学校でドキュメンタリー制作を学ぶ。Netherlands Film Academyに留学、Artistic Research in and through Cinema（映画学）修士。主な映像作品に、中編ドキュメンタリー映画『ロードスクーラー』（2008）、長編ドキュメンタリー映画『きらめく拍手の音』（2014）、『記憶の戦争 -Untold』（2020）。映画『きらめく拍手の音』は、ソウル国際女性映画祭にてドキュメンタリー玉浪文化賞及び観客賞、第8回女性人権映画祭観客賞、第15回障害者映画祭大賞を受賞。日本では2015年に山形国際ドキュメンタリー映画祭にて「アジア千波万波部門」特別賞受賞、2017年6月より東京、名古屋、大阪など全国各地で上映されている。著書に『道は学校だ』（2009）、『ロードスクーラー』（2009）、『私たちはコーダです』（共著、2019）、『やってみなけりゃわからない』（2020、いずれも未邦訳）がある。

著者ポートレート：©STUDIO0319, An HO Sung
ほか二点：映画『きらめく拍手の音』場面写真より

矢澤　浩子

やざわ　ひろこ

金融関係勤務を経て、日本語・韓国語教師、日韓翻訳・通訳、語学教育及び韓国文化関連のライターとして活動中。主な著書に『ソウル路地裏チョンマルガイド』（JTBパブリッシング）、取材・執筆を手がけた『日本語授業の進め方生中継』（アルク）、翻訳書には日韓共作漫画『ギャングスターズ』（秋田書店）、韓国漫画『猟奇刑事ギト』（秋田書店）などがある。

きらめく拍手の音
～手で話す人々とともに生きる～

2020年12月10日 初版第1刷発行

著者／イギル・ボラ
翻訳／矢澤浩子

装幀／鈴木千佳子
編集／當眞文

発行者／孫 家邦
発行所／株式会社リトルモア
〒151-0051 東京都渋谷区千駄ヶ谷3-56-6
Tel. 03-3401-1042 Fax. 03-3401-1052 www. littlemore.co.jp

印刷・製本所／中央精版印刷株式会社

 ISBN 978-4-89815-532-5